왜 이집트인들은 피라미드를 지었을까?

교과서 속 역사 이야기, 법정에 서다

01
역사공화국
세계사법정

쿠푸 VS 헤로도토스

왜 이집트인들은 피라미드를 지었을까?

글 차영길 · 그림 진미선

|주|자음과모음

　　역사적 사고력을 키우는 학생들의 새로운 역사 읽기. 모든 공부의 시작이 그러하듯 역사 공부 역시 호기심에서 시작됩니다. 이 책은 그동안 우리에게 알려진 상식을 뒤집는 내용으로 학생들의 호기심을 자극하고 있습니다. 특히 이 책은 대화체로 구성돼 지루하지 않고 흥미롭게 읽을 수 있습니다. 이 글을 읽으면서 마치 내가 역사적 상상력의 날개를 달고 역사 속 이집트 인으로 법정에 선 듯했습니다. 또한 이 책은 단순한 흥밋거리의 수준을 넘어서 역사를 통해 시대와 세계를 보는 안목을 기를 수 있도록 안내합니다. 사고력을 키우고자 하는 중·고등학생, 특히 논술 및 구술 시험을 준비하는 학생들의 새로운 역사 읽기에 큰 도움이 될 것이라 기대합니다.

경남과학고등학교 역사 교사 안병갑

역사는 역사가에 의해 만들어진다는 말이 있습니다. 한 시대의 사건은 누군가의 증언이나 기록으로 후대에 전해집니다. 그리고 후대의 또 다른 누군가가 새로운 증거나 기록을 들추어낼 때 역사는 우리 앞에 그 모습을 드러내지요. 이 모든 일이 역사가의 일입니다. 헤겔식으로 말하면 역사는 '근원적 역사'의 방법으로 쓰이고 '반성적 역사'의 방법으로 연구되는 것이지요. 따라서 역사가는 자기가 살고 있는 시대와 미래에 평가받을 뿐, 과거로부터는 그 어떤 책임도 추궁받지 않습니다. 그런데 만일 그렇지 않은 상황이 발생한다면 어떨까요? 그것도 역사가가 기록한 과거의 한 인물이 어디선가 튀어나와 '왜 그렇게 기록했느냐!' 하고 잘잘못을 따지고 든다면요? 역사가에게는 꿈에서조차 상상하고 싶지 않은 가정일 것입니다.

'역사공화국 세계사법정' 시리즈는 바로 이런 발상의 전환에서 시작합니다. 오랫동안 역사학은 문학과 과학의 경계선을 넘나들며 과거의 교훈을 후대에 전하려고 노력했습니다. 최근에는 독자 없는 역사학이 과연 존재할 수 있는가 하는 문제가 대두되면서, 순수 역사학의 영역에 이른바 '팩션으로서의 역사'(사실로서의 팩트＋허구로서의 픽션＝팩션)를 포함시키고자 하는 논의도 있습니다. 최근까지 우리나라 독서계에 선풍을 불러일으킨『로마인 이야기』나『그리스 로마 신화』등의 시리즈물, 영화로도 개봉한『장미의 이름』이나『다빈치 코드』등이 그러한 사례로 분류되지요. 이러한 역사 관련 창작물에 대한 대중적 관심은 전통 역사학의 연구 분위기를 활성화할 것입니다. 그러나 역사학이 그 본래의 임무를 벗어나 '사실'과 '허구'의 경계를 마구잡이로 넘나들 수는 없습니다. 이것은 대중성을 지닌 팩션의 역사학이 안고 가야 할 또 다른 고민입니다.

『왜 이집트 인들은 피라미드를 지었을까?』역시 새로운 발상의 전환과 역사학 고유의 고민을 담고 있습니다. 그러면서 연구자 측면보다 청소년의 역사 인식을 높이는 교육 효과에 좀 더 비중을 두려 하였어요. 일찍이 소크라테스는 어떤 문제의 실체를 밝히는 데 '문답법'을 사용한 바 있습니다. 즉, 어떤 질문에 바로 답을 던져 주는 것이 아니라, 앞의 질문의 요점을 보다 명확하게 밝혀 줄 또 다른 질문을 던지고 듣는 사람 스스로 해답을 찾게 하는 것이지요. 매우 오래된 방법이지만 현재까지도 유용한 교육 방식입니다. 이 책이 추구하는 방식도 그러합니다. '세계사법정'이라는 형식을 빌려 '문답법'의 방법으로 역사학 고유의 영역에서 대중적 관심과 접목되는 부분의 경계를 설정하였어요. 그리고 그곳을 조심스럽게 걸어가려 합니다. 바로 이 점이 이 책이 시도하는 또 하나의 새로움입니다.

왜 이집트 인들은 피라미드를 지었을까?

이 책이 역사 연구를 역사의 대중화로 이어 가는 과정의 한 모델로 정착되었으면 합니다. 그리고 우리나라 청소년들의 역사 인식과 세계사 교육에도 이바지할 수 있기를 희망해 봅니다.

차영길

추천의 글 | 4

책머리에 | 5

교과서에는 | 10

연표 | 12

등장인물 | 14

프롤로그 | 18

미리 알아두기 | 22

소장 | 24

재판 첫째 날 고대 이집트 인들은 어떻게 살았을까?

1. 이집트 문명은 나일 강의 선물일까? | 28

열려라, 지식 창고_나일 강의 홍수를 측정한 '나일로미터' | 42

2. 이집트 인들은 어떤 생활을 했을까? | 43

3. 파라오는 신일까, 인간일까? | 55

열려라, 지식 창고_이집트에는 어떤 신들이 있을까? | 59

휴정 인터뷰 | 60

재판 둘째 날 피라미드에는 어떤 비밀이 숨겨져 있었을까?

1. 누가 계단식 피라미드를 설계했을까? | 66
2. 어떻게 피라미드를 지었을까? | 75
3. 파라오의 무덤에서는 무엇이 발견되었을까? | 92
휴정 인터뷰 | 101
역사 유물 돋보기_고대 이집트의 유물에는 어떤 것이 있을까? | 104

재판 셋째 날 쿠푸는 극악무도한 왕이었을까?

1. 쿠푸 왕은 노동력을 착취했을까? | 110
2. 헤로도토스는 어떤 인물이었을까? | 129
휴정 인터뷰 | 138

최후 진술 | 141
판결문 | 146
에필로그 | 148
떠나자, 체험 탐방! | 152
한 걸음 더! 역사 논술 | 154
찾아보기 | 159

이집트 인들은 일상 생활에서 종교가 차지하는
비중이 매우 컸다. 태양신을 비롯한 많은 신들을
믿었고, 왕인 파라오는 신을 대신하여 나라를 통
치한다고 생각했다. 또한 사람은 죽어도 그 영혼
은 살아 있다고 믿어 시신을 미라로 만들어 보존
하고 피라미드나 스핑크스 같은 거대 건축물을
만들기도 했다.

중학교　　　역사

I. 문명의 형성과 고조선의 성립
　3. 문명의 발생과 국가의 출현
　　1) 메소포타미아 문명과 이집트 문명

'나일 강의 선물'이라 불리는 이집트
문명은 나일 강 유역에서 형성되었
다. 이집트에서는 태양을 최고의 신
으로 생각했으며 왕인 파라오는 태양
신의 아들로 여겨졌다.

나일이라는 큰 강 유역에서 이집트 인들은 문명을 건설하였다. 이집트는 기원전 3000년경 통일 왕국이 성립되어 대략 30개의 왕조가 연이어 발전하게 된다. 고대 이집트 왕국은 고왕국, 중왕국, 신왕국과 후기 왕조 시대로 구분된다.

고등학교	세계사	Ⅱ. 도시 문명의 성립과 지역 문화의 형성 　1. 인류의 선사 시대와 오리엔트 세계의 발전 　　3) 태양의 왕국, 이집트

고왕국 시대의 이집트에서는 상형 문자를 기록하고 태양력을 만들었으며, 기하학이 발전하여 피라미드나 신전을 건축하는 데 이용하기도 했다. 뿐만 아니라 수학이 발달하여 10진법이 사용되었으며, 미라를 만드는 과정에서 의학도 발달하였다.

기원전

4500년경　이집트, 농경·목축 시작

3500년경　초보적 상형 문자 발명

3100년경　수메르 인, 쐐기 문자 발명

2700년경　조세르 왕, 사카라에 계단식 피라미드 건조

2600년경　쿠푸·카프레·멘카우레 등 기자 지역에 피라미드 건조

2350년경　메소포타미아, 우르카기나 개혁

2100년경　우르남무, 우르 왕조 창시
　　　　　　우르남무 법전 성립

1790년경　바빌로니아 왕국, 함무라비 즉위

1785년경　켄지엘 왕, 이집트 마지막 피라미드 건조

1750년경　함무라비 법전 제정

기원전

5000년경 　서울 암사동 유적 형성 ┄┄┄┄┄

4000년경 　웅기 굴포리 서포항 유적 형성

3500년경 　중기 신석기 문화 형성

2333년 　단군왕검, 고조선 건국

2000년경 　후기 신석기 문화 형성 ┄┄┄┄┄

1122년 　고조선, 8조지교 제정

원고 쿠푸(재위 : 기원전 2589년?~기원전 2566년?)

나는 고대 이집트 고왕국 시대의 제4왕조 2대 파라오로서, 카이로 남서쪽의 기자 지역에 세계 최대의 피라미드를 쌓은 것으로 유명하오.

원고 측 변호사 김딴지

새내기 변호사 김딴지입니다. 비록 경험은 많지 않지만, 역사에 대한 해박한 지식을 가지고 잘못된 역사를 바로잡으려 노력하는 명변호사올시다!

원고 측 증인 이나일(가상 인물)

이집트의 매력에 빠져 평생 이집트를 연구한 학자 이나일입니다. 이집트 사람들의 의식주 생활 모습을 저보다 더 잘 아는 사람은 아마 역사공화국 어디에도 없을걸요.

원고 측 증인 **조세르**

고대 이집트 고왕국 시대의 제3왕조 2대 왕인 조세르라고 하오. 최초의 피라미드를 만든 것으로 유명하지요. 카이로 남쪽 나일 강 유역에 있는 사카라에 계단식 피라미드를 세운 사람이 바로 나요.

원고 측 증인 **임호테프**

내가 조세르 왕의 계단식 피라미드를 설계했어요. 건축 설계만 한 게 아니라, 재상으로서 태양신께 제사를 치르는 것도 내 일이었지요. 의학과 철학, 천문학에도 뛰어난 재능을 지녔답니다.

원고 측 증인 **하워드 카터**

나는 영국 출신의 고고학자로 왕가의 계곡에 있는 투탕카멘의 무덤을 발굴했답니다. 가난한 생활을 하면서도 고대 이집트의 비밀을 풀겠다는 확고한 의지를 꺾지 않은 의지의 사나이이지요.

원고 측 증인 **플루타르코스**

『플루타르크 영웅전』이라는 유명한 역사책을 쓴 역사가이지요. 고대 그리스의 철학, 과학, 신학, 문학에 관심이 많아 관련된 책들도 여러 권 썼답니다.

피고 **헤로도토스(기원전 484년? ~ 기원전 430년)**

나는 할리카르나소스 태생의 그리스 역사가로 '역사의 아버지'라고 칭송받고 있지요. 수많은 나라를 돌아다니며 보고 들은 것을 기록한 『역사』라는 책으로 잘 알려졌답니다.

피고 측 변호사 **이대로**

역사공화국에서 두뇌가 명석하기로 이름난 변호사 이대로올시다. 기존의 역사적 평가는 다 이유가 있다는 확신을 가지고 있으며, 역사적 진실은 쉽게 변하는 것이 아니라고 생각하지요.

피고 측 증인 **아르햐이오스(가상 인물)**

나는 현대 고고학계를 대표하는 고고학자로 고대 이집트에 대해 연구해 왔답니다. 그 결과 쿠푸 왕에 대한 중요한 사실들을 알아냈고, 피라미드의 비밀들도 많이 풀어냈답니다.

피고 측 증인 **현고고(가상 인물)**

나 역시 이집트 피라미드를 연구한 고고학자입니다. 하지만 피라미드 자체보다는 그것이 누구의 노력으로, 누구를 위해 지어졌는지를 먼저 생각한답니다.

피고 측 증인 **플리니우스**

나는 고대 로마의 정치가이자 군인, 학자로도 활동했어요. 여러 방면에 아는 것이 많아 박학다식하다는 평을 듣지요. 내가 살던 당시의 생활 모습, 예술과 과학에 관련된 내용을 『박물지』라는 책에 담아 티투스 황제에게 바쳤답니다.

"잘못된 역사를 바로 세우는 일이라면
나, 김딴지가 전문이지!"

이곳은 8월의 무더위가 기승을 부리는 역사공화국. 며칠째 무더위가 계속돼 거리에 지나다니는 영혼은 하나도 없고, 마을은 칠흑같은 어둠에 잠겼다. 순간 기분 나쁜 바람 한 줄기가 김딴지 변호사의 목덜미를 스쳤다.

"어휴, 오늘은 찾아오는 영혼도 없고…… 귀신이라도 나올 것처럼 왠지 으스스한걸."

그때 낡은 전등 불빛이 깜빡거리더니 알싸한 냄새가 주변을 맴돌았다.

"무슨 냄새지? 청소를 안 해서 그런가?"

김딴지 변호사는 잔뜩 인상을 찌푸린 채 서둘러 화장실을 나왔다. 그런데 사무실로 향하는 복도 모퉁이에 모래 알갱이가 드문드문 흩

어져 있고, 오래된 흰 천 조각들이 여기저기 나뒹굴고 있는 게 눈에 들어왔다. 김딴지 변호사는 의아한 마음으로 천천히 문을 열었다. 끼이익. 그 순간, 온몸에 붕대를 감고 코브라 문양으로 장식된 관을 쓴 미라가 김딴지 변호사를 노려보고 서 있었다.

"으아악! 다, 당신은 대체 누구길래 함부로 남의 사무실에 들어온 것이오?"

"여보시오, 변호사 양반, 웬만하면 청소 좀 하고 삽시다. 몇천 년 동안 청소 한 번 안 한 내 피라미드도 여기보단 깨끗하겠소. 어쨌든

거두절미하고, 나는 멀리 이집트에서 모래바람을 타고 온 쿠푸 왕이라고 하오."

"이집트? 쿠푸? 그, 그렇군요. 그런데 어쩐 일로 이렇게 한밤중에 저를 찾으신 거죠?"

"헤로도토스라는 역사가가 웬 문제점투성이의 역사서를 썼는데, 나를 세상에 둘도 없는 포악한 왕으로 묘사했더군. 더는 참을 수 없어서 미로를 뚫고 나왔소. 참, 그런데 그 미로 한번 잘 만들어 놨더군. 내 방인데도 나오느라 어찌나 헤맸던지……."

깊은 밤, 쿠푸 왕의 갑작스러운 방문에 김딴지 변호사는 공포 영화를 본 것처럼 더위가 싹 가셨다.

"당신도 내가 아무 이유나 대가 없이 농민들을 불러내 뙤약볕에서 돌을 나르게 했다고 생각하오?"

김딴지 변호사는 땡볕에 검게 그은 노예들이 고통스럽게 피라미드를 쌓는 모습을 떠올렸다.

"사실 아닌가요? 그 거대한 피라미드를 만드느라 많은 사람들이 희생당한 것이……."

"음, 당신마저 헤로도토스, 그 작자의 말을 철석같이 믿고 있군. 그렇다면 궁금한 게 있소. 일꾼들이 피라미드를 만드는 걸 영광으로 여겼다는 기록은 괜한 말이겠소? 또 일이 끝나고 나서 빵과 맥주, 마늘, 쇠고기를 받아 배고픔을 면했다는 기록은 무엇을 뜻한단 말이오? 그들은 노예가 아니었소. 정당한 대가를 주고 고용한 노동자들이었지. 그런데 헤로도토스는 떠도는 이야기만을 근거로 나를 비난

했소. 이 억울함을 풀고자 당신을 찾은 것이오."

"엥? 그게 사실인가요? 오호, 잘못된 역사를 바로 세우는 일이라면 내가 전문입니다! 자, 그 입의 붕대부터 풀고 차근차근 얘기해 주시지요. 어떻게든 헤로도토스란 사람을 법정에 세워 보겠습니다."

파라오의 피라미드

기원전 2600년경 이집트는 고왕국 시대에 해당합니다. 나일 강변에 도시 국가들이 생기면서 문명이 형성되고 메네스 왕이 이집트를 최초로 통일한 지도 500년이 흐른 뒤였지요. 당시 이집트 인들은 나일 강 주위에 살면서 파라오가 신의 은총을 내리고 있다고 생각하였습니다. 원래 파라오란 '큰 집'이라는 뜻이지만 고대 이집트에서는 '왕'을 이르는 말이었지요. 파라오는 신과 같이 추앙받으며 강력한 권력을 가지고 있었습니다.

당시 파라오를 섬기던 이집트 사람들은 영원불멸의 내세관을 가지고 있었습니다. 즉, 죽은 뒤에 다시 태어난다고 믿었지요. 그리고 파라오는 죽어서도 저승의 왕인 오시리스 신이 된다고 믿었기 때문에 파라오의 내세를 위한 집인 피라미드를 크고 튼튼하게 지어야 한다고 여겼어요. 이러한 생각은 당시 강력한 왕 중 한 명이었던 쿠푸 왕도 마찬가지로 가지고 있었답니다.

쿠푸 왕은 원래 스네프루 왕의 둘째 아들로 태어났지만, 형인 첫째 왕자가 몸이 허약하여 일찍 숨을 거두자 아버지에 이어서 왕의 자리에 오르게 된 인물이지요. 쿠푸 왕은 자신이 죽은 뒤에 들어갈 피라미드를 크고 튼튼하게 짓고자 하였습니다. 그래서 일찌감치 피라미드의 건설을 명하지요. 당시 피라미드 건설은 7월에서 11월 사이 나일 강의 범람기에 주로 이루어졌습니다. 나일 강이 범람할 때는 농사를 지을 수 없기 때문에 인력을 동원하기 쉬웠으며, 강물이 불어나면 채석장의 돌을 배를 이용해 나를 수도 있었기 때문이지요.

　이렇게 지어진 피라미드가 바로 쿠푸 왕의 피라미드입니다. 이집트 전 지역에 현존하는 70여 개의 피라미드 가운데 가장 규모가 커서 '대 피라미드'라고도 불리지요. 원래 높이는 147미터로 추정되고 밑변은 230미터에 이를 정도로 그 크기가 어마어마합니다. 이렇게 큰 규모라 10만 명의 인원이 약 20년에 걸쳐 건축한 것으로 짐작되고 있지요. 피라미드는 당시 왕의 권력을 보여 주는 상징적인 존재이기도 했기 때문에 많은 고대 이집트의 왕들은 피라미드를 만들기 위해 최선을 다했답니다.

원고 | 쿠푸	대리인 | 김딴지 변호사
피고 | 헤로도토스	대리인 | 이대로 변호사

청구 내용

억울하게도 저는 이집트의 위대한 유적인 피라미드를 지으면서 엄청난 수의 노예를 동원하고 그들의 노동력을 강제로 착취한 인물로 알려졌습니다. 이는 그리스의 역사학자 헤로도토스가 자신의 저서 『역사』의 「이집트 여행기」에서 그렇게 저를 모함했기 때문입니다. 후세 사람들은 그의 책을 그대로 믿고 저를 극악무도한 왕이라며 손가락질합니다. 하지만 저는 절대 극악무도한 왕이 아니었습니다. 비록 피라미드 공사에 많은 인원을 동원하긴 했지만, 그것은 나일 강이 범람해 일할 수 없게 된 농민들에게 국가 차원에서 일자리를 제공한 것이었어요.

피라미드를 지으려고 엄청난 무게의 돌을 옮기는 과정 또한 현대인들이 생각하는 만큼 어려운 일이 아니었습니다. 이집트의 석공들은 돌을 다루는 데에는 경지에 오른 사람들이었습니다. 비탈과 썰매의 원리를 이용할 줄 알았지요. 또 공사에 동원된 농민들이 즐겁게 일했다는 증거도 있습니다. '아스완 채석장의 낙서'가 그 증거이지요. 그들이 일상적인 낙서를 하면서 거짓말을 써 놓았겠습니까?

저는 피고 헤로도토스가 역사학자로서 임무를 성실히 하지 않았다고 생각합니다. 그가 이집트와 저에 대해 무책임하게 기록했기 때문에 후세 사람들이 편견을 가지게 되었지요. 헤로도토스는 저의 명예를 심각하게 훼손했습니다. 언젠가 역사의 진실이 밝혀질 것이라 믿고 여태껏 참았지만, 더는 두고 볼 수 없습니다. 공명정대한 세계사법정에서 저의 명예를 되찾아 주시기 바랍니다.

입증 자료

- 중학교 역사 교과서
- 고등학교 세계사 교과서
  그 외 자료 추후 제출하겠음.

위 청구인 쿠푸
역사공화국 세계사법정 귀중

고대 이집트 인들은 어떻게 살았을까?

1. 이집트 문명은 나일 강의 선물일까?
2. 이집트 인들은 어떤 생활을 했을까?
3. 파라오는 신일까, 인간일까?

교과 연계

역사
1. 문명의 형성과 고조선의 성립
   3. 문명의 발생과 국가의 출현
      1) 메소포타미아 문명과 이집트 문명

이집트 문명은
나일 강의 선물일까?

여기는 시간과 공간을 초월하여 역사의 진실을 규명하는 역사공화국 세계사법정. 역사 속 사건에 대한 오해가 진실로 둔갑하는 현실을 비판하고, 올바른 관점에서 역사를 되돌아보는 공간이다.

재판을 보러 온 세계 각국의 영혼들로 법정이 북적이는 가운데, 방청석에 잽싸게 자리를 차지하고 앉은 두 청년이 말을 주고받는다.

"야야, 오늘 소송을 건 사람이 '코푸'라면서? 콧물이 많이 나는 사람인가 보지? 코 푼다니까 말이야! 하하."

"어이구, 그걸 농담이라고 한 건 아니겠지? 코푸가 아니라 '쿠푸'라고! 이집트의 파라오!"

"파라요? 뭘 파는데? 아, 코를 푸는 게 아니라 파는 거야? 뭐, 더럽기는 마찬가지구먼. 흐흐."

"어휴, 정말 모르는 거야? 파라요가 아니라 파, 라, 오! 쿠푸는 이집트의 왕이란 말이야. 소송당한 헤로도토스는 역사책을 쓴 역사가이고."

"쳇, 모를 수도 있지, 소리는 왜 질러? 오, 지금 들어온 저 사람이 판사인가 보네."

검은 법복을 입은 판사가 법정에 들어서자 법정 경위가 큰 소리로 외쳤다.

법정 경위　판사님께서 입정하십니다. 모두 일어서 주십시오!

두 청년을 비롯해 재판정 안의 모든 사람이 긴장한 얼굴로 일어섰다. 판사는 자리에 앉아 법정을 한번 훑어보더니 곧 인자한 얼굴로 말했다.

판사　다들 자리에 앉으셔도 됩니다. 지금부터 역사공화국 세계사 법정에서 '쿠푸 대 헤로도토스의 재판'을 시작하겠습니다. 원고 쿠푸 왕과 변호인, 피고 헤로도토스와 변호인, 모두 출석하였지요? 좋습니다. 그럼 먼저 원고 측 변호인, 오늘 재판을 청구한 이유가 무엇인지 설명해 주세요.

김딴지 변호사　네, 판사님. 피라미드를 건설한 이집트 쿠푸 왕에 대해 잘못 알려진 사실이 많습니다. 이로 인해 원고는 현재까지도 심각한 정신적 피해를 받고 있지요. 따라서 이를 바로잡고자 소송을

쿠푸와 카프레의 피라미드이다. 헤로도토스는 『역사』에서 3대 피라미드를 만든 인물로 쿠푸, 카프레, 멘카우레를 꼽았다.

냈습니다. 모든 문제는 피고인 헤로도토스가 확인되지 않은 이야기를 역사서에 기술해 발생했습니다. 이에 대해 저희 원고 측은 사실 확인을 의뢰하며, 이 재판을 통해 역사의 진실을 세상에 널리 알리고자 합니다.

판사　　그렇군요. 피고 측은 원고 측의 주장을 인정합니까?

이대로 변호사　　판사님, 저희는 원고 측의 주장이 터무니없다고 생각합니다. 원고는 그리스 최초의 역사가이며 '역사의 아버지'라고 불리는 헤로도토스에게 모든 죄를 뒤집어씌우려 합니다. 오히려 원고 측에서 역사를 왜곡하고 있지요. 상식적으로 생각하더라도 피고가 쓴 역사서가 제대로 된 게 아니라면 어떻게 피고가 오랜 세월 존

왜 이집트 인들은 피라미드를 지었을까?

경받는 역사가로 기억될 수 있었겠습니까? 따라서 저희 피고 측은 원고의 청구를 기각해 주실 것을 주장합니다.

판사　알겠습니다. 피고 측이 원고 측의 주장을 부인하므로, 쿠푸 왕과 피라미드 건설에 대한 역사적 사실과 평가에 대한 **심리**를 진행하겠습니다.

김딴지 변호사　판사님, 쿠푸 왕이 거대한 피라미드를 만든 이유는 무엇인지, 헤로도토스가 역사를 잘못 쓴 것이 사실인지 알아보기에 앞서, 고대 이집트가 어떤 나라였는지에 대한 원고의 설명을 들어 보았으면 합니다. 피라미드를 만들게 된 역사적 배경을 이해하지 못하면 재판을 바르게 진행하기 어려울 것 같습니다.

판사　그래요. 저도 그런 생각을 했습니다. 원고는 이에 대해 말씀해 주시기 바랍니다.

쿠푸 왕은 동그란 얼굴에 어딘지 무뚝뚝해 보이는 인상이었다. 커다란 모자를 바로 쓰는 모습에서 왕의 위엄이 느껴졌다.

김딴지 변호사　아, 그 전에 위대한 왕이시여, 먼저 자기소개부터 해 주십시오. 고대 이집트라 하면 어린아이부터 어르신까지 남녀노소 가리지 않고 피라미드와 스핑크스를 떠올립니다. 그런데 정작 그 피라미드를 만든

기각
법원이 원고의 청구가 이유 없다고 판단하여 받아들이지 않는 것을 말합니다.

심리
재판의 기초가 되는 사실 및 법률 관계를 명확히 하기 위해 법원이 조사하는 행위를 말합니다.

이집트 기자 지역의 제4왕조 카프레 왕의 피라미드에 딸린 스핑크스. 사람의 머리와 사자의 몸을 한 고대 오리엔트 신화에 나오는 괴물로 그 기원은 이집트에서 찾을 수 있다. 기원전 2650년경에 만들어졌으며 가장 크고 오래되었다.

쿠푸 왕과 이집트의 역사에 대해서는 다들 잘 모르는 듯합니다.

쿠푸 안녕하시오. 나는 세계에서 가장 위대한 문명인 이집트 문명, 그 가운데서도 가장 빛나는 시기였던 고왕국 시대의 제4왕조 2대 왕인 쿠푸요. 그리스 인들은 케옵스라고 불렀다더군. 뭐, 그리스 사람들이 날 뭐라 불렀는지는 별로 중요하지 않지만 말이오.

쿠푸는 피고석에 앉은 헤로도토스를 한번 쏘아보더니 곧 고개를 돌려 외면했다. 이에 고대 그리스의 도시인 할리카르나소스에서 태어난 헤로도토스는 어깨를 으쓱하며 멋쩍은 미소를 지었다.

김딴지 변호사　이집트 문명은 3000년 이상 계속되었고, 이 시기에 30개의 왕조가 있었습니다. 오늘날의 역사가들은 몇 개의 왕조를 묶어 크게 고왕국, 중왕국, 신왕국으로 구분합니다. 쿠푸께서 다스리던 시절에 이집트 사회는 어떠했는지 말씀해 주시지요.

쿠푸　나는 상 이집트와 하 이집트가 만나는 멤피스라는 곳에서 나라를 다스렸소. 우리의 수도 멤피스는 나일 강 유역에 있었지요. 길이로도 세계 으뜸인 나일 강은 우리 이집트에서 고대 문명이 싹을 틔우는 데 큰 영향을 주었소. 에헴.

이대로 변호사　이의 있습니다. 나일 강이 세계에서 가장 긴 강이라는 주장은 정확하지 않습니다. 2008년에 한 지리학회가 조사한 바로는 아마존 강이 더 길다고 하거든요.

김딴지 변호사　그거야 뭐 길이 재는 사람에 따라 왔다 갔다 하는 것 아닌가요? 2008년에 나온 얘기를 기원전 2000년대 사람인 쿠푸 왕께서 어찌 알겠습니까? 거참, 별로 중요하지도 않은 것으로 끼어들지 좀 마세요!

이의를 제기한 이대로 변호사에게 김딴지 변호사가 면박을 주자 판사가 얼굴을 찌푸렸다.

세계 4대 강 길이 비교표

강 이름	국가	길이
아마존 강	브라질	6,762킬로미터
나일 강	이집트	6,690킬로미터
양쯔 강	중국	6,380킬로미터
미시시피 강	미국	6,270킬로미터

판사   원고가 말하는 도중에 끼어든 피고 측 변호인도 잘한 건 없지만, 김딴지 변호사, 좀 무례하군요. 핵심적인 내용이 아닐지 모르지만 정확한 정보를 아는 것은 중요하니 두 분 다 그만하시고, 원고는 이야기를 계속하세요. 단, 자랑은 좀 자제하시고요.

쿠푸   흠, 알겠소. 나일 강 주변은 강물에 실려 온 고운 흙이 쌓여 땅이 기름졌소. 그래서 짐승을 사냥하고 열매를 따 먹는 수렵·채집 생활을 하던 우리 조상은 이 기름진 땅에 밀·보리 등의 씨앗을 뿌리고 농경 생활을 시작했지요. 그런데 나일 강은 한 가지 특징이 있소. 해마다 비가 많이 오는 우기에는 홍수가 나서 땅이 물에 잠긴다오.

김딴지 변호사   매년 홍수가 일어난다고요?

쿠푸   ▶다른 지역에서는 홍수와 범람이 어쩌다 있는 큰 자연재해이지만, 우리 이집트에서는 해마다 일어나는 일이었소. 비가 심하게 와서 큰 홍수가 나면 농사짓는 땅뿐 아니라 사람들이 사는 지역까지 물에 잠겨서 살기 어려워졌지요. 반면에 비가 오지 않아 가뭄이 들면 농작물이 말라 죽으니, 오히려 매년 석낭한 홍수가 일어나야 했지요. 그런데 비가 오고 안 오고는 사람이 어떻게 할 수 있는 일이 아니라 신의 뜻에 달린 것 아니겠소? 그래서 신과 이야기할 수 있는, 신에게 가까운 존재, 즉 왕이 필요했던 거요. 이 때문에 그저 옹기종기 모여 살던 사람들 사이에 권력관계가 생겨나고 나라가 만들어진 것이오. 이렇게 해서 나일 강 근처에 세계 최초의 나라가 만들어졌소. 바로 우리 이집트 말이오.

김딴지 변호사　　이집트라 하면 사막만 떠올리는 사람이 많아요. ▶그들은 이집트에 농사짓기 좋은 땅이 나일 강을 따라 좁고 길게 펼쳐져 있다는 것은 상상도 못하지요.

　　김딴지 변호사는 피고석에 앉은 헤로도토스를 쳐다보며 깔보는 말투로 이야기했다. 그러자 이대로 변호사가 벌떡 일어났다.

이대로 변호사　　원고 측 변호인은 지금 피고가 나일 강에 대해 잘 몰랐던 것처럼 말하는데, 피고는 나일 강이 이집트에 끼친 영향에 대해 잘 알고 있었어요. 그렇지요?

　　이대로 변호사가 옆에 앉은 헤로도토스를 향해 묻자, 법정을 두리번거리던 헤로도토스가 깜짝 놀라 되물었다.

　　왜 이집트 인들은 피라미드를 지었을까?

헤로도토스　나 말입니까? 허허, 그렇습니다. 내가 쓴 『역사』를 보면 나일 강에 대해 많은 것을 조사했다는 사실을 알 수 있을 겁니다. ▶이집트 문명이 '나일 강의 선물'이라는 유명한 말도 내가 이 책에 쓴 말이지요. 그뿐입니까? 쿠푸 왕이 말한 기름진 평야의 거리까지 조사했어요. 지중해에서 이집트의 종교 도시였던 헬리오폴리스까지 평야 지대의 거리는, 그리스 아테네의 12신 제단에서 피사의 **제우스 신전**에 이르는 거리와 같다고 쓴 것도 확인할 수 있습니다.

김딴지 변호사　이집트 평야 지대의 거리를 그리스 지역과 비교해 놓다니, 안 읽어 봐도 그리스 중심으로 썼을 게 뻔하군요. 그걸 자랑이라고…….

판사　피고 헤로도토스는 그리스 사람들이 읽을 책이니 그런 식으로 비교한 것이 아닐까요? 그래야 그리스 독자들이 이해하기 쉬울 것 아닙니까?

　김딴지 변호사의 딴죽에 억울해하던 헤로도토스는 판사의 말에 밝아진 얼굴로 고개를 끄덕였다. 김딴지 변호사는 판사와 헤로도토스를 번갈아 보며 고개를 절레절레 흔들었다.

김딴지 변호사　오늘날 전 세계인들이 읽는 역사책인데 그런 식으로 써 놓았다는 게 마음에 들지 않지만…… 피고

제우스 신전
건축가 리보가 그리스 남부 펠로폰네소스 반도의 엘리스 지방에 세운 웅장한 신전입니다. 제우스는 그리스 신화에 등장하는 최고의 신으로 올림포스 산의 신들 위에 군림하고, 그 권위는 다른 신들의 권위를 모두 합친 것보다 위대하다고 전해집니다.

교과서에는

▶ 헤로도토스가 "이집트는 나일 강의 선물"이라고 말한 것과 같이 이집트 문명은 나일 강의 혜택을 받으며 발전하였습니다. 고대 문명은 이처럼 큰 강을 사이에 두고 발전했는데, 메소포타미아 문명은 티그리스 강과 유프라테스 강 유역에서 가장 먼저 일어났으며, 이후 이집트의 나일 강 유역에서, 그리고 인도의 인더스 강과 중국의 황하 유역에서도 일어났습니다.

의 그 문제투성이 역사책 얘기는 다음에 또 할 수 있을 것 같으니 이만하지요.

이대로 변호사   이의 있습니다! 원고 측 변호인은 '역사의 아버지' 라 칭송받는 피고 헤로도토스를 계속 모욕하고 있습니다. 문제점투성이 역사책이란 발언을 취소해 주십시오!

판사   이의를 받아들입니다. 배심원 여러분은 방금 원고 측 변호인의 발언은 무시하도록 하세요. 피고 헤로도토스의 책『역사』에 대해서는 다음 재판에서 자세히 다루도록 하겠습니다. 지금은 근거 없는 비방 대신 고대 이집트 사회의 모습을 알아보는 데 집중하세요.

김딴지 변호사   알겠습니다. 원고에게 계속해서 질문하겠습니다. 나일 강의 범람을 다스리려고 왕의 권력이 강해지고 국가가 성립되었다는 말씀을 해 주셨는데요, 그외에 나일 강이 가져온 다른 영향은 없었나요?

쿠푸   왜 없겠소. 해마다 일어나는 범람 때문에 여러 문제가 있었고, 이를 해결하고자 여러 대책들이 필요했지요.

김딴지 변호사   그 대책들이란 어떤 것을 말하나요?

쿠푸   무엇보다 중요한 것은 홍수가 일어날 시기를 정확하게 알아내는 것이었소. 이 시기를 알아야 나라 전체가 잠겨 버리는 것에 대비할 수 있었거든. 따라서 ▶우리 이집트는 그 옛날부터 달력을 사용했지요. 우리는 1년을 홍수기인 아케트, 겨울인 페레트, 여름인 셰무, 세 계절로 나누고 각 계절을 네 달씩 총 열두 달로 나누었소. 각 달이 30일

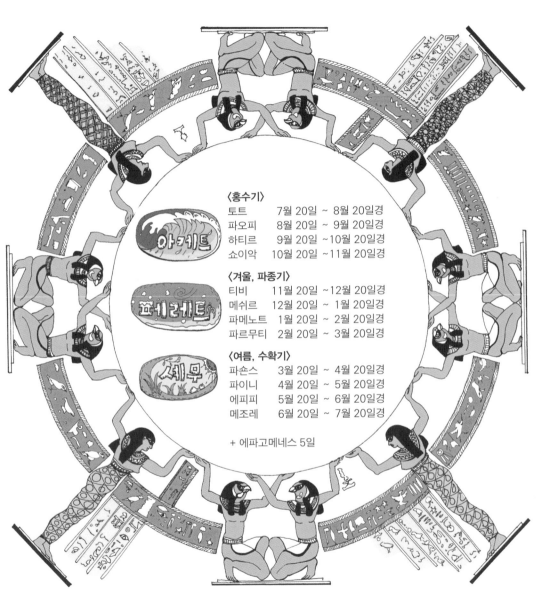

〈홍수기〉
토트　　 7월 20일 ~ 8월 20일경
파오피　 8월 20일 ~ 9월 20일경
하티르　 9월 20일 ~10월 20일경
쇼이악　10월 20일 ~11월 20일경

〈겨울, 파종기〉
티비　　11월 20일 ~12월 20일경
메쉬르　12월 20일 ~ 1월 20일경
파메노트　1월 20일 ~ 2월 20일경
파르무티　2월 20일 ~ 3월 20일경

〈여름, 수확기〉
파숀스　 3월 20일 ~ 4월 20일경
파이니　 4월 20일 ~ 5월 20일경
에피피　 5월 20일 ~ 6월 20일경
메조레　 6월 20일 ~ 7월 20일경

+ 에파고메네스 5일

기하학

도형 및 공간의 성질에 대해 연구하는 학문으로 고대 이집트에서 시작된 이래 현재에 이르기까지 그 연구의 대상 및 방법은 다양합니다. 고대 이집트 인들은 홍수로 나일 강이 범람하고 나면 토지를 적절히 재분배하기 위하여 측량할 필요가 있었는데, 토지 측량에 따른 도형의 연구를 기하학의 기원이라고 보고 있어요.

로 구성되었으니 총 360일이었지요. 지금도 1년이 365일이라고 하던데……. 우리는 나머지 5일을 오시리스, 호루스, 세트, 이시스, 네프티스 이렇게 다섯 신의 탄생 기념일인 '에파고메네스'로 정했소이다.

김딴지 변호사　　그 옛날에 1년을 12개월, 365일로 세웠다니 신기하군요. 달력으로 강이 범람할 시기를 알았다면 범람에 대비하는 기술도 있었을 텐데요.

쿠푸　　그렇소. 나일 강을 다스리고자 여러 기술이 발달하였지요. 운하를 파서 수문을 만들고 둑을 쌓는 등 토목 사업이 활발했고, 이로 말미암아 건축 기술이 발달했소.

김딴지 변호사　　그렇게 발달한 건축 기술을 바탕으로 피라미드를 지을 수 있었군요. 그 외에 나일 강이 이집트 사회에 끼친 다른 영향은 없나요?

쿠푸　　홍수가 지나간 다음 농토를 정리하는 문제가 있었소. 홍수 때문에 일군 농지가 유실되면 땅 주인은 이 사실을 곧바로 나, 왕에게 보고했지요. 그럼 농지가 얼마나 유실됐는지 측량하여 유실된 땅만큼의 세금을 빼고 나머지 땅의 세금만 내게 했소. 이렇게 토지의 면적을 재는 기술, 즉 측량에 관계된 수학을 기하학이라고 부르오. 따라서 우리 이집트는 토지의 넓이를 재는 측량 기술과 함께 기하학이 발달했소.

김딴지 변호사　　아하, 그래서 기하학을 영어로 geometry라고 하는군요. geo가 토지, metry가 측량이라는 뜻이니까요. 피고는 기하학이라고 들어 보셨습니까?

김딴지 변호사가 혀를 한껏 굴리며 영어 단어를 설명하자, 피고석의 헤로도토스가 피식 웃었다.

헤로도토스   김딴지 변호사는 나와 우리 그리스를 너무 무시하시는 것 아닌가요? 뭐, 기하학의 개념이 처음 생겨난 건 이집트일지 몰라도 그걸 학문으로 발전시킨 것은 우리 그리스라고요. **피타고라스**의 정리로 유명한 피타고라스와 그 스승인 탈레스도 그리스 출신이고요. 김딴지 변호사야말로 좀 더 공부하셔야겠는데요. 하하.

헤로도토스의 말에 얼굴이 붉어진 김딴지 변호사는 괜스레 헛기침을 하며 서둘러 변론을 정리하려고 했다.

김딴지 변호사   흠흠. 어쨌든! 나일 강이 이집트 문명에 끼친 영향에 대한 원고의 증언, 잘 들었습니다. 원고 신문을 마치기 전에 한마디 덧붙이자면, 이집트 문명이 발달하는 데에는 나일 강을 따라 배를 타고 이동하거나 물자를 나를 수 있다는 장점이 크게 작용했다는 것입니다. 자연이 준 고속 도로랄까요? 자동차가 없었던 옛날에 배만큼 빠른 이동 수단은 없었으니까요.

피타고라스
기원전 6세기 무렵 활약했던 그리스의 유명한 철학자이자 수학자로 '수(數)'를 만물의 근원으로 여겼습니다. 수학에 기여한 공적이 매우 커 근대에까지 영향을 미치고 있지요. 스승이었던 탈레스(기원전 624~기원전 546)가 그에게 이집트로 유학을 떠나기를 권해 이집트에서 23년간 공부했습니다. 이집트 문명과 메소포타미아 문명을 두루 접한 피타고라스는 56세에 고향으로 돌아와 최초의 철학 공동체를 만들었답니다.

나일 강의 홍수를 측정한
'나일로미터'

나일로미터(Nilometer)는 나일 강의 범람을 측정하는 다양한 형태의 도구들을 지칭합니다. 매년 6월에서 9월 무렵까지 규칙적으로 범람하는 나일 강의 수위는 한 해의 작황과 거두어들일 세금의 양을 가늠하는 중요한 지표였지요. 그래서 나일 강의 수위를 측정하는 시설들이 고대 파라오 시대부터 사용되었던 것으로 추정됩니다. 현재 남은 유적을 볼 때 크게 두 가지 형태가 있었습니다. 하나는 현재 카이로의 중심부인 로다 섬에 있는 측정 도구로, 수직으로 강물의 높이를 측정하는 시설입니다. 861년 이슬람의 지배하에 만들어졌지요. 이보다 좀 더 복잡하고 오래된 형태로는 계단식으로 비스듬하게 지어진 측정 시설입니다. 옛날 파라오 시대에 만들어져 현재 나일 강 상류 쪽에 남은 이른바 '코끼리 섬의 나일로미터'입니다. 물론 이런 상류와 하류의 큰 시설물뿐 아니라 강이 흘러가는 이집트 곳곳의 주요 사원들에도 강의 수위를 측정하는 크고 작은 시설과 도구들이 있었던 것으로 보입니다. 오늘날 이러한 시설을 총칭하여 나일로미터라 부르는데, 현대의 한 연구에 의하면 나일 강의 범람이 8미터 정도가 되었을 때 가장 풍요로운 한 해가 되었던 것으로 전해집니다.

왜 이집트 인들은 피라미드를 지었을까?

2

이집트 인들은
어떤 생활을 했을까?

판사　과연 나일 강이 이집트 문명에 끼친 영향은 대단하군요. 그럼 지금부터는 나일 강 주변에 자리 잡은 이집트 인들이 어떻게 생활했는지, 이집트 사회에 대해 알아보기로 하지요.

김딴지 변호사　피고는 『역사』에서 "이집트의 기후는 다른 어떤 나라와도 다르고, 강도 다른 강들과 다르며, 사람들도 인류의 보편적인 풍습과 예절에 정확히 역행한다"라고 이집트를 비하했는데요, 맞습니까?

헤로도토스　그런 글을 쓴 것은 사실이지만 이집트를 비하하려는 의도는 아니었습니다. 그 문장 바로 뒷부분을 읽어 보면 아시겠지만, 이집트와 다른 세계, 특히 우리 그리스와의 차이점을 발견하고 신기해서 우리 그리스 사람들에게 소개해 주려고 썼습니다. 예를 들어, "여자들이 시장에 나가 장사하는 동안, 남자들은 집에서 옷감을 짠다. 여자는 소변을 서서 보고, 남자는 앉아서 본다" 이런 것들 말입니다. 우리 그리스와는 딴판이었거든요.

이대로 변호사   그렇고말고요. 나와 다른 문화를 이해하는 것은 오늘날에도 중요한 일이 아니겠습니까? 서로 소통하기 어렵던 그 시절에, 자신이 직접 보고 발견한 것들을 널리 알리려 하다니 정말 훌륭하십니다.

헤로도토스의 말에 이대로 변호사가 맞장구를 치자, 김딴지 변호사가 얼굴을 찡그리며 말했다.

김딴지 변호사   말이야 좋지, 그 차이점을 제대로 전달하지 못했으니 문제가 되는 것 아닙니까? 이해는커녕 오해만 커지고, 이집트 인들이 이상한 사람처럼 보이게 되었잖아요!

이대로 변호사   아니, 대체 피고가 뭘 그렇게 잘못 전달했다고 그러시는 겁니까? 그렇게 딴지만 걸지 마시고 증거를 대 보세요, 증거를!

김딴지 변호사   좋습니다. 그럼 이집트 사회의 모습을 다룬 피고 헤로도토스의 책이 얼마나 엉터리였는지, 이집트 전문 연구가의 증언을 들어 보도록 하지요. 판사님, 이집트 연구에 일생을 바친 이나일 선생을 증인으로 불러 주시기 바랍니다.

판사   알았습니다. 이나일 씨는 증인석으로 나와 주세요.

이나일   안녕하세요. 나는 고대 이집트의 매력에 빠져 이 나이 먹도록 이집트를 연구한 이나일이라고 합니다. 이 분야에서 나만 한 전문가는 없지요, 에헴.

김딴지 변호사　　연구하느라 바쁜 와중에 이렇게 나와 주셔서 감사합니다. 먼저 피고가 쓴 역사서에서 이집트 사회에 대한 부분을 짚어 보도록 하지요. 판사님, 피고의 책 『역사』를 증거물로 제출합니다. 피고가 쓴 『역사』를 보면, "다른 지방에서는 보리와 밀이 주식이지만 이집트에서는 그것들을 먹는 것이 창피한 일이다. 그들은 '제아(Zea)'라는 곡식을 먹는다. 그들은 그 곡식 가루를 발로 반죽한다. 진흙은 손으로 섞고 똥도 손으로 처리한다"라고 되어 있습니다. 증인, 이것이 사실입니까?

이나일　　여기서 헤로도토스가 말한 제아라는 곡식은 아마도 옥수수를 이야기한 거라고 봅니다. 'Zea mays'라는 게 옥수수의 학명이거든요. 그런데 이 책에 쓰인 것과 달리 이집트에서는 보리와 밀도 먹었어요. 그냥 먹었다는 말로는 모자라지요. 이집트에서도 보리와 밀로 만든 빵이 주식이었으니까요. 보리로 맥주를 만들기도 했는데 이는 이집트 인들이 매우 즐겨 마시는 음료였지요.

김딴지 변호사　　그렇군요. 그래서 피고가 이집트 인을 '옥수수 나라의 사람들'이라고 표현한 거로군요. 이건 이집트 인들도 보리와 밀을 먹는다는 것을 몰라서 생긴 문제가 아니라, 이집트를 옥수수만 먹는 나라로 우습게 본 것이 아니겠습니까?

헤로도토스　　잠깐만요! 이집트에서 보리로 만든 술을 마신다는 것은 알고 있었습니다. 포도주를 마셨던 우리 그리스와 달리, 포도가

포도주

잘 익은 포도를 발효시켜 만든 술로 영어로는 와인(Wine), 프랑스 어로는 뱅(Vin), 이탈리아 어로는 비노(Vino), 독일어로는 바인(Wein)이라고 합니다. 최근 들어 국내에서도 포도주를 찾는 사람이 부쩍 늘고 있지요.

나지 않는 이집트에서는 보리로 만든 술을 마신다는 게 신기했을 뿐입니다.

이대로 변호사　　그렇습니다. 게다가 당시 그리스 인들은 포도주를 최고로 치고 맥주는 질 낮은 술로 평가했습니다. 피고가 일부러 맥주가 나쁘다는 등 부정적인 평가를 내린 것이 아니에요. 공정하고도 객관적인 입장에서 역사를 쓴다는 것이 얼마나 힘든 일인지 아신다면, 피고가 얼마나 훌륭한 역사가인지도 아실 거라 믿습니다.

　　헤로도토스와 이대로 변호사의 말을 듣고 김딴지 변호사가 집게 손가락을 흔들며 말했다.

김딴지 변호사　　후훗. 이제는 자신이 알아서 틀린 점을 고백하시는군요. 이집트에서 포도주를 마시지 않았다는 것도 사실이 아니에요. 그렇죠, 이나일 선생님?

이나일　　그렇습니다. 이집트에서는 고왕국 시대보다 더 이전인 기원전 30세기 무렵부터 포도주를 만들어 마셨지요. 서민들이 마셨던 맥주와 달리 만드는 양은 적었지만, 왕족과 귀족들이 마시긴 했습니다.

　　고대 이집트에서 포도주를 만들어 마셨다는 이나일의 증언에 김딴지 변호사가 우쭐댔다. 그러자 이대로 변호사가 짜증 섞인 목소리로 외쳤다.

이대로 변호사 　아니, 당시 어떤 술을 마셨는지가 그렇게 중요한가요? 아무튼 오해를 막으려면 피고 헤로도토스나 그 이후에 플루타르코스가 그리스의 역사를 충실히 남겼듯이 이집트도 정확히 역사를 기록했어야죠. 결국 이집트에는 제대로 된 역사책이 없어서 후대 사람들이 피고가 쓴 책을 보는 것이 아닙니까?

김딴지 변호사 　지금 잘못 쓴 역사서가 뭐 자랑이라고 그렇게 당당하신 겁니까? 듣자 듣자 하니 어이가 없어서…….

판사 　어허! 신성한 법정에서 말다툼이나 하다니. 이곳은 감정적으로 상대방을 탓하는 곳이 아닙니다. 분명한 증거와 논리적인 변론으로 진실을 밝히는 곳이지요. 아실 만한 분들이 왜 이러시나요?

　재판 내내 인자한 얼굴이던 판사가 굳은 얼굴로 주의를 주자, 양측 변호사는 모두 꿀 먹은 벙어리가 되어 자리로 돌아갔다.

판사 　흠흠. 반성들 하신 것 같으니 계속 재판을 진행하겠습니다. 원고 측 변호인, 증인에게 신문할 내용이 더 있나요?

김딴지 변호사 　네, 판사님. 고대 이집트 인들의 식생활을 알아보았으니 이번에는 의생활, 즉 패션에 대해 알아보죠. 증인, 이집트 인들은 어떤 옷을 입었나요?

이나일 　이집트의 남자들은 황금과 보석으로 만든 무거운 목걸이를 하고 검은색 가발을 썼습니다. 그리고 아마라는 여름용 흰 옷감

아마
아마라는 풀에서 얻은 실로 짠 얇은 직물을 통틀어 이르는 말로 '리넨'이라고도 부릅니다.

으로 옷을 해 입었지요. 특별한 날에는 샌들을 신었지만 평상시에는 맨발로 다녔습니다.

이나일의 설명에 김딴지 변호사가 고개를 끄덕이더니 눈을 찡긋하며 물었다.

김딴지 변호사　　그렇군요. 방청석의 많은 여성분들이 궁금해하실 텐데, 여자들의 패션은 어땠나요?

이나일　　당시의 여자들은 화장하는 데 많은 공을 들였습니다. 눈꺼풀은 검은색 화장품으로 어둡게 칠하고, 입술에는 연지를 바르고, 손톱과 발톱은 붉은색으로 칠했지요. 여자들의 옷 역시 아마 천으로 만들었습니다. 주로 몸에 착 달라붙는 원피스였지요. 또 여자들도 남자들처럼 긴 검은색 가발을 쓰고 금과 보석으로 된 목걸이와 팔찌, 발찌를 했답니다.

호기심 어린 눈으로 증거 사진을 들여다보던 판사가 머리를 갸웃거리며 증인 이나일에게 물었다.

판사　　증인, 아까부터 궁금했던 건데요, 왜 고대 이집트 사람들은 남자나 여자나 가발을 썼나요? 머리 모양이 참 독특하군요.

이나일　　이집트 인들이 가발을 쓴 건 강 유역의 뜨거운 햇볕으로부터 머리를 보호하려는 이유였던 것 같습니다. 여성들의 눈 화장도

햇빛으로부터 눈을 보호하기 위해서였을 테고요.

판사 그렇군요. 야구 선수들이 눈 밑에 검은색 테이프를 붙이는 것과 같은 이유겠군요. 검은색이 햇빛을 흡수하니 눈동자에 무리가 덜 가겠죠. 아무튼 원고 측 변호인의 신문이 끝났으면 피고 측 변호인이 신문하시지요.

이대로 변호사 증인은 이집트의 매력에 빠져 평생 이집트를 연구하신 분이니 과연 양측에 공정한 증인이라 할 수 있을지 모르겠네요. 하지만 일단 질문을 드리도록 하지요. 피고에게 듣기로는 이집트는 남녀 차별이 심한 나라였다고 하던데요. "남자는 원하지 않으면 부모를 부양하지 않아도 되었지만 여자에게는 그런 선택권이 없었다"라고요. 진짜라면 이건 너무하지 않나요?

이대로 변호사의 말에 이나일은 한 손으로 머리를 짚더니 심각한 표정으로 말했다.

이나일 내가 공정하지 않을까 봐 걱정하는군요. 기분이 좀 상하네요. 저는 나름대로 중립을 지키려고 최선을 다하고 있습니다. 그건 그렇고, 좀 전의 변호사님 말씀에는 동의할 수 없습니다. 변호사님의 말씀과는 반대로 고대 국가 중에서 이집트처럼 남녀 차별이 없는 나라도 드물어요. 이집트 여성들은 재산과 하인을 소유할 수 있었으며, 자신의 재산을 마음대로 처분할 수도 있었지요. 여성의 친형제는 물론이고 남편도 아내의 재산을 마음대로 처분할 수 없었다

왜 이집트 인들은 피라미드를 지었을까?

고 해요. 더 놀라운 것은, 여성이 직업을 가질 수 있었을 뿐 아니라 궁전이나 사원의 고위직에 임명되기도 했어요. 남편이 고위 관리일 경우 그의 아내는 남편을 대신할 수 있는 권리도 있었지요.

이대로 변호사　흠, 또 편을 드시는 것 같은데…… 그렇게 주장할 만한 확실한 증거가 있습니까? 그냥 증인의 추측은 아니겠지요?

이나일　이집트에서 여자와 남자가 거의 동등한 권리를 누렸다는 것은 수많은 부부 조각상만 보아도 알 수 있습니다. 조각상을 그렇게 많이 남긴 그리스에 부부가 함께 있는 모습의 조각상은 얼마나 있습니까? 거의 없지요? 이집트의 여왕 **클레오파트라**를 아시지요? 이집트에는 클레오파트라 이전에도 신왕국 시대의 **하트셉수트** 등 여성 파라오들이 몇 명 있었어요. 한참 뒤의 일이지만 한국의 조선 시대 때에도 여왕이 한 명도 없었던 것과 비교하면, 고대 이집트 사회의 남녀 평등이 어느 정도였는지 이해할 수 있을 것입니다.

이대로 변호사　파라오 얘기를 하셨으니 말인데, 이집트 왕 중에는 자신의 누이와 결혼한 사람도 많던데, 도덕적으로 말이 되는 이야기입니까? 어쩌다 한두 명도 아니고. 완전 비정상이에요!

클레오파트라
클레오파트라 7세(기원전 69~기원전 30)는 이집트 프톨레마이오스 왕조의 여성 파라오입니다. 프랑스의 수학자 파스칼이 '클레오파트라의 코가 1센티미터만 낮았어도 세계 역사는 달라졌을 것'이라는 말을 했을 정도로 클레오파트라 여왕은 로마 정치사의 중요한 인물입니다. 두 영웅, 카이사르와 안토니우스를 유혹할 정도로 아름다웠다고 하지요.

하트셉수트
하트셉수트(기원전 1508~기원전 1458)는 고대 이집트의 제18대 왕조의 5번째 파라오로, 이름은 '가장 고귀한 숙녀'라는 의미이지요. 후대의 이집트 학자들은 하트셉수트가 매우 정치를 잘한 것으로 평가합니다.

이집트의 부부 조각상

비정상이라는 이대로 변호사의 말에 자신의 여동생과 결혼했던 쿠푸 왕의 얼굴이 험악해졌다.

쿠푸　　내가 이대로 변호사의 다른 말들은 꾹 참고 넘겼는데, 이건 정말 무례하군요. 도저히 못 참겠소! 우리 이집트에서는 선대 파라오의 딸과 결혼한 사람에게 파라오의 지위가 계승되었소. 그래서 아버지 스네프루의 뒤를 이어 파라오의 자리에 오르려면 나 역시 누이와 결혼할 수밖에 없었지.

김딴지 변호사　　맞습니다. 피고 측 변호인은 다른 문화를 이해하고 존중해야 한다고 자신 있게 말하더니, 이집트 문화를 제대로 알아보지도 않고 비정상이라고 단정짓는군요. 원고에게 사과하시기 바랍니다!

이대로 변호사　　뭐, 잘 알아보지도 않고 비정상이라고 한 건 사과드립니다. 그렇지만 선대 파라오의 딸과 결혼해야만 파라오의 지위가 이어진다는 건 여전히 이상하다는 생각이 드네요.

3 파라오는 신일까, 인간일까?

판사　이집트 인들이 어떻게 생활했는지 알아보다가 파라오에 대한 논쟁까지 벌어졌군요. 이왕 이렇게 된 것, 고대 이집트 사회의 또 하나의 특징이라 할 수 있는 파라오에 대해 알아볼까요?

이대로 변호사　안 그래도 파라오에 대해 헷갈리는 것이 한둘이 아닙니다. 괴상한, 아, 죄송합니다. 하하. 워낙 독특하다 보니 오해도 많은 것 아니겠습니까?

김딴지 변호사　뭐, 변명 같기는 하지만, 알았습니다. 그럼 신의 아들이라 불린 이집트의 왕, 파라오에 대해 알아보도록 하지요. 이를 위해서는 이집트 인이 종교와 신을 어떻게 생각했는지를 알아야 합니다. 파라오의 가장 중요한 역할 중 하나가 바로 종교 지도자의 역할이었기 때문입니다. 이에 대해 이집트의 파라오였던 쿠푸 왕의 증언을 들어 보았으면 합니다.

판사   받아들입니다. 원고는 증언해 주시기 바랍니다.

쿠푸 왕은 여전히 화가 풀리지 않았지만, 판사의 말에 고개를 끄덕였다.

김딴지 변호사   고대 이집트에서는 어떤 신을 믿었나요?

쿠푸   우리 이집트에서는 아주 먼 옛날부터 여러 신을 모셨소. 우리 이집트가 여러 신을 믿었던 것은 모두 우리 일상과 관련이 있어요.

김딴지 변호사   수많은 신을 모셨다면 신전도 많이 지었겠네요?

쿠푸   물론이오. 위대한 파라오라면 재위 기간에 신전 하나쯤은 지었소. 하지만 아무나 신전에 들어갈 수 있었던 건 아니었지요. 신전은 신들이 머무는 신성한 곳이기에 중요한 축제일에만 몇몇 사람에게 공개했어요. 속세와 분리되도록 높은 벽으로 둘러싸여 있었지요. 그리고 나, 파라오는 호루스 신의 인간 모습이라오.

이대로 변호사   원고가 인간이 아니라 신이라고요? 정말 놀랍고 믿기지 않는군요. 그런데 방금 원고가 이집트에는 신도 많고, 신전도 많다고 하지 않았나요? 그 많은 신전에서 누가 신을 모시나요? 피고가 이집트에 갔을 때는 신관이 신을 모셨다는데…….

쿠푸   당연히 신전마다 신께 제사를 올리고 의식을 진행하는 신관들이 있었소. 그러나 진정한 의미에서 신과 소통하는 건 파라오뿐이었지요. 파라오는 신들의 뜻을 인간 사회에 펴 나감으로써 백성이 행복한 삶을 살 수 있도록 다스렸다오.

판사 그렇군요. 그런데 고대 이집트 인들이 파라오를 신과 소통하는 유일한 존재로 믿은 이유는 무엇인가요?

김딴지 변호사 그것에 대해서는 제가 말씀드리지요. 고대에는 천둥과 번개, 홍수와 가뭄, 풍작과 흉작, 출생과 죽음 등의 자연 현상이 왜 일어나는지, 그 원인을 밝힐 만한 과학이 발달하지 못했어요. 따라서 사람들은 이런 일들이 전지전능한 힘을 가진 신에 의해 이루어진다고 믿을 수밖에 없었지요.

이대로 변호사 그거야 이집트뿐 아니라 모든 고대 사회에서 있었던 일 아닌가요? 왜 파라오를 신의 아들이라고 생각했는지, 그게 궁금하다고요!

김딴지 변호사 거참, 이대로 변호사는 성질도 급하군요. 안 그래도 지금부터 말하려고 했는데……. 물론 파라오도 인간인 부모의 아들 혹은 딸로 태어납니다. 그러나 이집트 인들은 대관식을 거쳐 파라오가 되면 신의 기를 얻어 신에 가까운 존재, 반신(半神)으로 거듭난다고 생각했어요. 이로써 살아 있는 파라오는 신과 인간이 교류할 수 있는 통로 역할을 했던 것입니다. 고대 사람들은 자연 현상을 불러오는 신을 존경하는 동시에 두려워했어요. 그래서 신과 교류하려면 인간과 신 사이의 존재가 필요하다고 생각했지요.

판사 인간이 파라오의 대관식을 거치고 나면 반신이 된다니, 흥미로운 이야기군요.

김딴지 변호사   그렇습니다. 이집트 인들은 죽고 난 후 죽음의 신 오시리스의 곁으로 갈 수 있는 자는 신이 될 수 있는 사람뿐이라고 생각했어요. ▶신의 아들인 파라오만이 그런 특권을 누릴 수 있다고 여겼지요.

이대로 변호사   잠깐만요! 죽고 난 후에 신이 된다고 생각했다니, 그런 황당한 이야기를 믿었단 말인가요? 그럼 여기 원고는 신이겠 군요?

이대로 변호사가 방청석을 향해 말하자 이집트 인 영혼들이 엄숙한 얼굴로 고개를 끄덕였다. 이대로 변호사는 기가 막혀 이마를 짚으며 돌아섰다.

김딴지 변호사   이제 아셨지요? 그리고 하나 더 덧붙이자면, ▶▶이집트에서는 파라오가 사망하면 반신에서 한 단계 더 올라가 완전한 신이 된다고 믿었어요. 이렇게 완전한 신이 되려면 엄격한 절차에 따라 미라로 만들어져야 했고, 피라미드처럼 하늘에 연결된 듯한 무덤에 안치되어야 했지요. 이 때문에 파라오들이 피라미드를 건설한 것이고요.

판사   그랬군요. 지금까지 고대 이집트 사회의 특징과 그 생활이 어떠했는지, 그리고 피고 헤로도토스가 이집트 사회의 모습을 왜곡하지 않고 사실만을 기록했는지에 대한 재판을 진행했습니다. 오늘은 이만 마치고, 다음 재판에서 본격적으로 이집트 피라미드에 대해 이야기하도록 하지요. 그럼 다음 주에 뵙겠습니다.

땅, 땅, 땅!

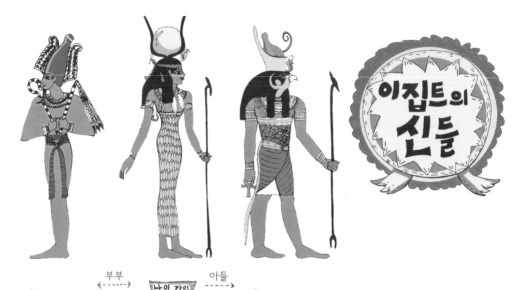

죽음의 신
오시리스 Osiris

부부
←- - - - - - -

나일 강의
여신
이시스 Isis

아들
- - - - - →

태양의 신
호루스 Horus

동생
- - →

악의 신
세트 Seth

태양의 신
라 Ra

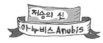

저승의 신
아누비스 Anubis

달의 신
토트 Thoth

이집트에는 어떤 신들이 있을까?

오시리스(Osiris) 죽음의 신으로, 저승 세계의 통치자이자 재판관이었습니다. 머리에는 2개의 깃털 장식을 하고, 양손에 갈고리와 도리깨를 든 미라 또는 벽화 형태로 나타납니다.

이시스(Isis) 나일 강의 여신으로 오빠인 오시리스와의 사이에서 호루스를 낳았습니다.

호루스(Horus) 태양의 신으로 매의 모습을 하고 있습니다. 아버지의 동생이자 원수인 세트를 죽이고 영원히 통일 이집트를 지배하게 되었습니다. 때문에 이집트의 모든 국왕은 '살아 있는 호루스'라고 불렸답니다.

세트(Seth) 악의 신으로 왕위를 빼앗으려고 형인 오시리스를 살해했습니다. 하지만 오시리스는 부활했고, 세트는 오시리스의 아들인 호루스에 의해 살해되었지요. 주로 흰 살결에 붉은 털을 가진 악마의 모습으로 표현됩니다.

라(Ra) 태양의 신으로, 낮에는 배를 타고 하늘을 돌아다니다가 밤에 여신의 몸을 거쳐 이튿날 아침 재생한다고 믿었지요.

아누비스(Anubis) 저승의 신으로, 늑대 또는 개와 같은 미개의 모습으로 표현된답니다.

토트(Thoth) 달의 신이었으나 후에 지식과 예술의 신이 되었습니다. 사람의 몸에 따오기의 머리를 한 모습입니다.

다알지 기자

　　시청자 여러분, 안녕하세요? 역사공화국 법정 뉴스의 다알지 기자입니다. 쿠푸 대 헤로도토스의 재판 첫째 날인 오늘은 '나일 강의 선물'이라는 말로 유명한 이집트 문명과 고대 이집트 인들의 생활상을 알아보았습니다. 본 재판의 원고인 쿠푸 측과 피고인 헤로도토스 측은 각자의 처지에서 이집트 문명과 고대 이집트 인들의 생활상을 증언했습니다. 원고인 쿠푸 왕의 증언에 따라 나일 강이 고대 이집트 인들에게 끼친 영향과 홍수에 대한 대책도 들어 보았지요. 한편 원고 측은 고대 이집트 인들의 생활상을 증언하면서 피고 헤로도토스의 『역사』에 문제점이 많다고 지적해 법정이 한바탕 술렁였습니다. 그럼 지금부터 이번 재판의 주인공인 원고 쿠푸 왕과 피고 헤로도토스를 모시고 인터뷰해 보겠습니다.

쿠푸

　고대 이집트의 찬란한 문화와 생활상은 그
동안 헤로도토스가 기록한 『역사』에 의해 잘못
알려져 왔소. 헤로도토스는 이집트가 인류의 보편적
인 풍습과 예절에 정확히 역행한다며 우리 이집트 인들을 비하했지
요. 그 후 사람들은 그의 말을 그대로 받아들이고 이집트 인들을 이상
한 사람들로 보게 되었소. 나는 오늘의 재판이 헤로도토스의 『역사』가
잘못 기록되었음을 밝히고, 고대 이집트의 찬란한 역사와 문화를 다시
소개할 수 있는 계기가 되어 기쁘오.

헤로도토스

　나는 이집트를 비하하려는 의도로 『역사』를 쓰지 않았어요. 이집트와 다른 세계, 특히 우리 그리스와의 차이점을 발견하고 그리스 사람들에게도 소개해 주고 싶었지요. 우리 그리스와는 딴판이었거든요. '이집트는 나일 강의 선물'이라는 유명한 말은 내가 역사서에 썼던 표현이에요. 교과서에서도 나의 서술을 토대로 그에 대해 설명하고 있고요. 원고 측은 내가 서술한 『역사』가 문제점투성이라고 하는데, 원고 측의 주장이 사실이라면 지금까지 내가 어떻게 '역사의 아버지'라는 칭송을 받을 수 있었겠습니까?

피라미드에는 어떤 비밀이 숨겨져 있었을까?

1. 누가 계단식 피라미드를 설계했을까?
2. 어떻게 피라미드를 지었을까?
3. 파라오의 무덤에서는 무엇이 발견되었을까?

교과연계

세계사
II. 도시 문명의 성립과 지역 문화의 형성
  1. 인류의 선사 시대와 오리엔트 세계의 발전
    3) 태양의 왕국, 이집트

누가 계단식 피라미드를
설계했을까?

판사   오늘 재판에서는 피라미드에 대해 자세히 알아보고자 합니다. 피라미드는 누가, 어떻게, 왜 지었는지, 그 안에서 무엇을 발견했는지 함께 알아보았으면 합니다. 원고 측부터 발언하시지요.

김딴지 변호사   알겠습니다. 판사님, 피라미드에 대해 어느 정도 알고 계십니까?

판사   그…… 글쎄요. 그걸 제게 묻는 이유가……? 어차피 오늘 재판에서 다 밝혀질 내용인데……. 뭐, **투탕카멘**의 묘에서 황금 마스크가 나온 것은 알고 있습니다만.

김딴지 변호사   오, 역시 판사님도 황금에 관심이 많으시군요. 최영 장군은 황금을 보기를 돌같이 하라고 말씀하셨는데 말입니다. 저는 오로지 역사의 진실을 밝히는 데에만 평생을 바치고 있습니다.

판사 　지금 무슨 얘길 하는 겁니까? 마치 내가 황금에 눈이 먼 사람인 것처럼 말하는군요. 오늘따라 유난히 김딴지 변호사의 금반지가 반짝거리는데, 꼭 반지의 제왕 같습니다.

김딴지 변호사 　뭐, 아시다시피 제왕이 맞긴 하지요. 하지만 전 반지의 제왕이 아니라 변호의 제왕입니다, 하하하. 판사님, 투탕카멘 왕의 묘는 피라미드가 아니라는 것은 알고 계시나요?

판사 　호, 그랬나요? 그것도 오늘 재판을 통해 알게 되겠군요! 궁금하네요. 과연 누가 처음에 피라미드를 지으려고 했을까요?

김딴지 변호사 　이제 그것을 밝히려고 합니다. 우리가 흔히 아는 형태인 계단식 피라미드는 조세르 왕이 처음 세웠습니다. 조세르 왕을 증인으로 불러 주시기 바랍니다.

판사 　좋습니다. 증인은 나와서 선서해 주세요.

　조세르 왕이 증언하려고 자리에서 일어서자, 옆에 앉아 있던 남자가 깍듯이 예의를 갖추고 함께 일어났다가 앉았다.

조세르 　나는 거짓 없이 진실만을 말할 것을 선서하오.

김딴지 변호사 　증인은 간단히 자기소개를 해 주시지요.

조세르 　나는 고왕국 시대 제3왕조의 두 번째 왕으로, 이집트는 내가 집권한 무렵부터 중앙 권력이 안정되고 지방 세력들은 꼼짝 못하게 되었어요. 제3왕조 시대는 약 500년간이나 지속됐는데, 피라미드

사카라에 있는 조세르의 계단식 피라미드

식 무덤은 나와 함께 생겨났다고 볼 수 있소이다.

김딴지 변호사　　여러분, 제가 지난 재판 때 한 이야기를 기억하십니까? 1000년 이상 계속된 이집트 문명 시기에 30개의 왕조가 있었는데, 오늘날의 역사가들은 그 왕조를 몇 개씩 묶어 고왕국·중왕국·신왕국으로 구분한다고요.

조세르　　그렇소. 내가 그 고왕국 제3왕조의 파라오인 조세르요. 초기에 이집트 인들은 나일 강 주변에 촌락을 형성해 살았는데, 시간이 흐르자 여러 촌락이 합쳐져 조금 더 큰 촌락이 형성되었소. 그러다 힘이 센 부족을 중심으로 초기 국가의 형태인 연합체가 만들어졌지요. 연합체는 다시 소왕국이 되었고, 이러한 소왕국들을 기원전

3100년경 전설상의 메네스 왕이 최초로 통일하였소. 메네스 왕은 멤피스를 통일 왕국의 수도로 정했는데 이것이 바로 제1왕조요. 제1왕조의 파라오는 모두 7명이었고, 이 왕들은 영토 확장에 많은 노력을 기울였지요.

판사 메네스 왕과 수도 멤피스에 대해 더 알고 싶군요. 메네스 왕이 멤피스를 수도로 정한 특별한 이유가 있나요? 아니면 멤피스는 처음부터 수도가 될 조건을 갖추고 있었나요?

조세르 그렇지는 않소이다. 메네스 왕이 이집트를 통일하기 전에 이집트는 상 이집트와 하 이집트로 나뉘어 있었소. 최초의 파라오가 된 메네스는 강을 따라 이어진 이 나라의 수도를 어디로 정할지 고심했지요. 그러다가 델타 유역에 있는 부토라는 곳을 수도로 정했어요.

판사 그럼 처음부터 멤피스가 수도는 아니었군요.

조세르 그렇소. 부토였지요. 메네스 왕은 자신의 위대함을 더 강력하게 보여 주고 싶어 했소. 완전히 새로운 수도를 개척하여 자신의 능력을 과시하고 싶었던 것이오. 그래서 메네스 왕은 새로운 도시를 세우고자 백성에게 돌이나 나무로 만든 곡괭이를 들고 모이라고 명령했어요. 이 도구들로 강을 막아 강물의 흐름을 멈추게 한 다음 새로 물길을 내어 나일 강 줄기와 만나도록 했소.

김딴지 변호사 물길을 바꾼다는 것은 매우 어려운 작업이었을 뿐만 아니라 당시에는 굉장히 획기적인 일이었겠는데요?

조세르 맞아요. 당시 이집트 사람들은 신이 아니면 물길을 바꿀 수 없다고 생각했소. 그러니 그 일을 해낸 메네스 왕을 보고 놀라지 않을 수 없었지요. 메네스 왕을 신, 혹은 신의 아들이라고 생각하게 된 거요. 메네스 왕은 물길을 바꾸어서 생긴 땅에 길을 내고 집을 짓게 한 뒤에, 그곳을 '백색의 벽', 즉 멤피스라 부르게 했소이다.

김딴지 변호사 그리하여 멤피스가 이집트 최초의 통일 국가의 수도가 되었군요.

조세르 그렇소. 이때부터 멤피스는 고왕국 시대의 정치·문화의 중심지로 내내 번영을 누렸지요. 이후 신왕국의 테베와 헬레니즘 시대의 알렉산드리아가 건설되기 전까지 이집트의 최대 도시였소.

김딴지 변호사 메네스 왕과 그 후손들이 이집트를 다스리던 제1왕조 시대에 대해 알아보았는데요, 제2왕조와 제3왕조에 대해서도 말씀해 주시지요.

조세르 제1왕조가 영토 확장에 노력을 기울인 왕조라면, 제2왕조는 확장된 영토에 왕의 지배력이 강력하게 미칠 수 있도록 노력한 왕조라고 할 수 있소. 이들은 멤피스에서 나라를 다스리며 파라오의 권위를 안정시키려 노력했고 왕의 무덤도 만들었지요. 하지만 피라미드처럼 거대한 규모는 아니었소.

김딴지 변호사 증인은 제3왕조의 왕이었다고 하셨지요?

조세르 그렇소이다. 제3왕조 시기에도 제1왕조 시기와 마찬가지로 7명의 파라오가 이집트를 다스렸소. 이집트는 이 시기에 국가의 틀과 제도가 대부분 정비되었지요. 중앙 권력도 크게 안정되어 파라오의 권위가 더욱 강력해졌소. 파라오의 권력이 강력해지자 자연히 왕의 무덤도 기존의 것과는 비교되지 않을 정도로 커졌지요. 어떤 묘는 전왕들의 묘보다 무려 60배 정도나 커졌소.

김딴지 변호사   무덤 양식도 전과 확연히 달라졌겠군요.

조세르   나는 선왕들의 흙으로 된 무덤이 오랜 시간이 흐르지 않았음에도 쉽게 무너지는 것을 보고 마음이 아팠소. 무엇보다 내 무덤도 그렇게 된다고 생각하니 더욱 마음이 아팠지요. 그래서 방법을 고심하게 되었소. 그러다 어느 날 이상한 꿈을 꾸었소이다.

김딴지 변호사   이상한 꿈이오? 피라미드를 지으라는 계시라도 받았나요?

조세르   비슷하오. 무척 신기한 꿈이었지요. 내가 산꼭대기에 올라가 혼자 기도하고 있었는데 하늘에서 갑자기 반짝반짝 빛나는 계단이 내려오는 거예요. 나는 그 계단으로 뛰어오르려 했는데 그 순간 잠이 깼소. 그래서 당시 천재 건축가이자 재상이었던 임호테프를 데려와 내 무덤을 오랫동안 남길 방법이 없겠냐고 상의했지요. 임호테프는 무덤을 계단식으로 커다랗게 만드는 게 어떻겠냐고 말했소.

판사   그럼 임호테프 씨가 지금과 같은 피라미드 식 무덤을 처음 설계한 장본인이군요.

조세르   그렇소. 이 계단식 피라미드가 나중에 쿠푸의 사각뿔 형태의 피라미드의 기초가 되었지요. 임호테프는 그 당시에 정말 최고의 건축가였소. 의사이면서 천문학자이기도 했고, 위대한 예언자이

자 주술사이기도 했소이다. 정말 똑똑한 재상이었지요. 하지만 그를
단순히 박학다식한 재상으로만 평가하면 곤란하오. 그는 성숙한 인
격을 지녔고, 아는 지식을 몸소 실천할 줄 알았던 참된 지식인이었
다고 생각하오. 그래서 나는 그에게 내 무덤을 설계하는 일을 맡기
고 싶었지요.

왜 이집트 인들은 피라미드를 지었을까?

그때 방청석의 앞줄 끝에 앉아 있던 남자가 "건축가에, 의사에, 천문학자에, 예언자에, 게다가 주술사였다고? 휴, 신이 너무 한 사람에게만 재능을 몰아준 것 같군. 나 같은 사람은 어떡하라는 거야?"라고 말하자, 옆 사람이 "나도 마찬가지야" 하며 웃었다.

김딴지 변호사 그래서 죽음이 가까워 오자 그에게 부탁하셨군요.

조세르 그렇소. 내가 부탁하자 그는 흙이 아닌 돌로 무덤을 만들어 주겠다고 했지요. 또한 설계도를 보여 주겠다고도 했소. 얼마 뒤 그가 돌로 만들 무덤의 설계도를 가져왔는데 나는 매우 만족스러웠소. 기존의 생각을 완전히 뒤엎는 최고의 걸작이 만들어질 것이 확실했기 때문이오. 아무튼 기분이 매우 좋았지요 선왕들의 무덤과는 비교도 안 될 만큼 튼튼할 것 같았어요.

김딴지 변호사 판사님, 조세르 왕에 대한 증인 신문은 이쯤에서 마치고, 직접 설계도를 작성한 임호테프 씨를 불러 더 자세한 설명을 들었으면 합니다.

판사 좋습니다. 증인은 나와 선서하시고 증언해 주십시오.

임호테프가 당당한 걸음으로 증인석에 나왔다. 도중에 증언을 마치고 돌아가는 조세르 왕과 마주치자 허리를 깊게 숙여 인사했다. 조세르 왕은 임호테프의 등을 가볍게 두드렸다.

임호테프 나 임호테프는 거짓 없이 진실만을 말할 것을 선서합니다.

판사 증인에 대한 소개는 앞서 증언했던 조세르 씨가 간단히 언급해 주셨는데 더 말할 것이 있나요?

임호테프 음…… 조세르 왕이 나에 대해 말씀하신 것은 모두 사실입니다. 이런 말을 하면 자랑처럼 들리겠지만, 나는 당대에 이미 많은 사람들에게 인정을 받아 왕에 버금가는 대우를 받았습니다. 내가 죽고 나자 나 역시 파라오들처럼 신이 되었다고 믿을 정도였지요. 나에 관한 수많은 전설이 생겨났고, 나는 당당히 신화의 주인공이 되었답니다. 하하하. 당시만 하더라도 그토록 완벽한 건축물을 만들기란 쉽지 않았으니까요.

방청객들은 임호테프가 대단하다고 생각했지만 너무 거들먹거리는 게 우스워 입을 삐죽거렸다.

2

어떻게 피라미드를
지었을까?

판사　　자자, 증인이 매우 훌륭하다는 점은 우리도 다 인정합니다. 그런데 어떻게 계단식 피라미드를 지을 생각을 했는지 말씀해 주시 겠습니까?

임호테프　　사실 내가 완전히 새로운 형식을 만든 것은 아니에요. 전 왕들의 묘 형식인 마스타바를 여섯 단에 걸쳐 차례로 쌓은 것뿐이지 요. 쌓고 보니 계단식 피라미드가 된 것입니다. 그리고 여러분이 피 라미드 하면 떠올리는 그 네모뿔 모양은 그 후에 개량된 것이지요.

판사　　잠깐만요! 증인, 전왕들의 묘 형식인 마스타바란 어떤 것인 가요?

임호테프　　마스타바는 피라미드의 기원이 되는 무덤 형식으로, 아 랍 어로 '벤치'라는 뜻입니다. 당시 이집트 인들 집 앞의 벤치와 모양

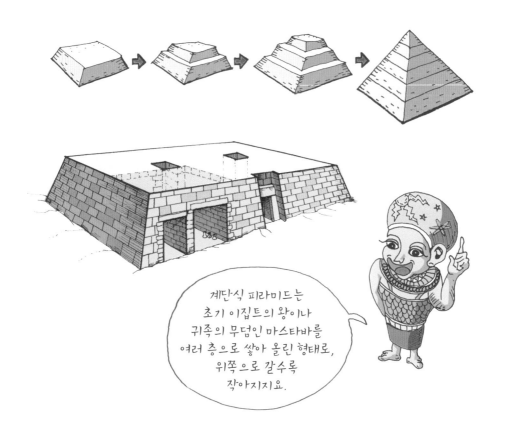

계단식 피라미드는 초기 이집트의 왕이나 귀족의 무덤인 마스타바를 여러 층으로 쌓아 올린 형태로, 위쪽으로 갈수록 작아지지요.

이 비슷해 붙여진 이름이죠. 계단식 피라미드의 한 단 한 단이 마스타바라고 생각하면 쉽겠네요. 아, 조세르 왕의 계단식 피라미드 옆에서도 마스타바들이 발굴되어 현재 공개되고 있지요. 마스타바는 지금도 기자, 아비도스 등 여러 지역에서 발견되고 있어요. 초기의 마스타바는 암반을 파서 시신을 매장할 공간을 만들고 장례가 끝나면 천장을 나무로 메웠어요. 그다음에 흙벽돌을 쌓아 올렸지요. 후대로 가면서 점점 더 큰 마스타바를 건설했어요. 무덤 속에 방을 여러 개

왜 이집트 인들은 피라미드를 지었을까?

만들어 시신을 안치하고 물건들도 넣었지요. 높이는 보통 5미터 정도였습니다.

김딴지 변호사　계단식 피라미드가 만들어지면서 마스타바의 형태는 점점 사라지게 되었나요? 마스타바에 비해 60배나 큰 계단식 피라미드도 있었다는데, 사실인가요?

임호테프　네, 사실입니다. 조세르 왕의 계단식 피라미드의 경우 높이가 60미터, 세로가 109미터, 가로는 121미터나 됩니다. 규모도 규모이지만 최초의 계단식 피라미드라는 점에서 더욱 가치가 있지요.

김딴지 변호사　증인은 정말 대단한 일을 하셨군요.

이대로 변호사　재판장님, 이의 있습니다. 증인보다 죽을 고생을 하면서 일한 이집트 사람들이야말로 대단한 게 아닐까요? 이를 밝히기 위해 저도 증인을 신문하고 싶으니 허락해 주십시오.

판사　좋습니다. 나와서 증인에게 질문하세요.

이대로 변호사　▶증인, 그 엄청난 규모의 피라미드를 지을 때 얼마나 많은 돌이 사용되었습니까? 또, 그 거대한 돌덩이들은 어떻게 옮겼나요? 하긴, 증인은 책상머리에서 머리만 굴리고 노동은 다른 사람들이 했으니 잘 모르시겠군요. 그저 굿이나 보고 떡이나 먹었겠지요.

김딴지 변호사　판사님, 이의 있습니다. 지금 피고 측 변호인은 확인되지 않은 사실로 증인을 비난하고 있습니다.

증인을 모욕하는 말에 대해 주의를 주시기 바랍니다.

판사 인정합니다. 피고 측 변호인은 추측성 발언을 삼가고 확인된 사실로만 신문해 주시기 바랍니다. 그리고 증인, 증인은 좀 언짢더라도 피고 측 변호인이 앞에서 제기한 질문에 답하여 주십시오.

임호테프 알겠습니다. 일단 피라미드를 만드는 작업 과정을 말씀드려야겠네요. 과정은 돌 자르기, 나르기, 쌓기, 세 부분으로 나누어집니다. 돌은 무거운 것이 15톤 정도이고 대개 2톤 내외입니다. 피라미드 전체의 무게는 약 600만 톤 정도가 될 것 같습니다. 돌을 네모반듯하게 만들어 사용했는데, 커다란 돌에서 필요한 크기만큼 잘라낸 것입니다. 자를 때는 구리톱을 사용했지요. 이렇게 돌이 준비되면 돌에 밧줄을 묶어 썰매 모양의 굴림대에 얹습니다. 그리고 돌에 묶인 밧줄을 40여 명의 일꾼들이 자신의 몸과 연결하여 묶습니다. 출발 신호가 떨어지면 '영차!' 구호와 함께 동시에 앞으로 끌고 가는 것이지요. 구호는 뭐, 그때마다 달라지긴 했습니다. 어떤 날은 '파라오 만세', 또 다른 날은 '오 필승 이집트' 등이었습니다.

판사 그런데 어떻게 그렇게 무 썰듯이 바위를 자를 수 있었나요? 특별한 도구가 없으면 조약돌 하나도 자르기 어려운데요.

임호테프 아, 네. 우리 이집트 석공들은 최고의 경지에 오른 사람들이었습니다. 바위에 홈을 파 나무를 박아 넣고, 물을 부어 나무가 팽창하도록 해 돌덩이를 잘랐지요. 정말 지혜롭지 않습니까? 망치와 정, 톱 정도만 이용해 돌을 떡 주무르듯 했어요.

김딴지 변호사 판사님, 이어서 제가 말씀드리겠습니다. 조세르 왕

친구, 그런데 말일세,
우리도 과학적으로
돌을 옮겨야
하지 않을까?

의 뒤를 이은 파라오들도 계속해서 피라미드를 지었지만, 증인인 임
호테프 씨처럼 뛰어난 건축가가 없었습니다. 그래서 미완성으로 남
거나 단순한 돌무지로 전락해 버린 경우도 있지요. 그러다 제4왕조
의 두 번째 파라오인 원고 쿠푸 왕이 기자 지역에 큰 피라미드를 세
웠습니다. 조사한 바에 따르면 원고의 피라미드에는 총 260만 개의

돌이 사용되었고 그 무게가 700만 톤 정도 된답니다.

이대로 변호사　　판사님, 들으셨습니까? 260만 개, 700만 톤의 무게를 사람이 옮겼답니다. 그건 정말 사람이 할 짓이 못 되지요. 그리고 무엇보다 증인은 피라미드를 쌓는 작업을 두고 객관적으로 말할 수 있는 사람이 아닙니다. 설사 알고 있다 해도, 그가 그 힘든 노동 과정을 어떻게 솔직하게 말할 수 있겠습니까? 그는 조세르 왕의 명령에 따라 설계만 했을 뿐입니다. 따라서 더욱 정확한 증언을 듣고자 현대의 고고학자이신 현고고 씨를 증인으로 신청합니다. 허락해 주시기 바랍니다.

판사　　피고 측이 이 문제에 대해 민감한 것은 알겠습니다. 그러나 피라미드를 쌓는 과정에서 누가 일을 했는지, 그리고 과연 노동력 착취가 있었는지 아닌지 하는 문제는 오늘 재판에서는 자제했으면 합니다. 물론 증언 도중에 꼭 필요한 부분이 있으면 말해도 상관없습니다.

이대로 변호사　　알겠습니다. 하지만 임호테프 씨보다는 고고학자인 현고고 씨가 좀 더 객관적으로 피라미드를 쌓는 과정을 설명해 주실 수 있을 것입니다.

판사　　좋습니다. 증인은 나와서 증인 선서를 해 주시기 바랍니다.

현고고　　나는 본 법정에서 거짓 없이 오직 진실만을 말할 것을 선서합니다.

이대로 변호사　　고대 이집트 인들이 피라미드를 만들 당시에는 현대처럼 과학 기술이 발달하지 않았습니다. 특별한 도구도 없었을 텐

　　왜 이집트 인들은 피라미드를 지었을까?

데 어떻게 그런 엄청난 작업이 가능했던 거죠?

현고고 　　일단 고고학자들 사이에서도 여러 학설이 있음을 미리 말씀드립니다. 그러니까 꼭 이 방법으로 피라미드를 만들었다는 것은 아니에요. 어쨌든 바위산에서 돌을 떼내어 다듬는 데에만 4000여 명의 석공이 1년 동안 쉬는 날 없이 일했을 것으로 추측됩니다. 그중 운반은 주로 농민들이 담당했는데, 약 10만여 명이 동원되었을 것으로 보입니다.

이대로 변호사 　　재판장님, 제가 아까 죽을 고생이라고 했던 것 기억하시지요? 임호테프 씨는 썰매로 끌었다고 하지만 얼음판에서 끄는 것도 아니었으니, 그 무거운 돌덩이를 끄는 것은 이루 말할 수 없는 고통이었을 것입니다. 더구나 지금까지 돌을 운반하는 데 사용했을 그 어떤 과학적인 도구도 발견되지 않았습니다. 이 점만 보더라도 그들이 얼마나 힘들었을지 짐작이 갑니다.

김딴지 변호사 　　판사님, 피고 측 변호인의 말은 사실이 아닙니다. 이집트 인들은 삼나무 열매의 기름을 부어 가며 돌을 옮겼습니다. 그런 방법을 쓰면 상상하는 것처럼 많은 힘이 들지 않습니다. 이러한 방법은 현대 사람들이 정원에서 큰 돌을 옮길 때도 씁니다.

이대로 변호사 　　지상에서 수평으로 움직이기는 수월했을지도 모르지요. 하지만 100미터가 넘는 피라미드의 꼭대기까지 끌어 올리는 일은 얼마나 힘들었겠습니까? 정말 그 사람들을 생각하면 눈물이 앞을 가립니다.

김딴지 변호사 　　이의 있습니다, 판사님. 피고 측 변호인은 자꾸 감

만리장성

정에 호소하여 공감을 유도하고 있습니다.

판사　　인정합니다. 피고 측 변호인은 진정하시기 바랍니다. 그런데 정말 피라미드 꼭대기까지는 어떻게 옮겼나요?

현고고　　아마 땅에서 꼭대기까지 경사로, 즉 비탈길을 만들었을 것으로 추측됩니다. 미완성인 채로 남은 피라미드 옆에서 흙과 자갈로 만든 경사로가 발견됐거든요. 그런데 뭐, 경사로를 이용했다고는 하지만 그런 거야 다 부수적인 장치에 불과하지요. 오로지 이집트 인들의 피와 땀으로 만들었다고 봐야 합니다. 만리장성도 그렇지 않습니까? 성이 아니라 무덤이지요. 건설 당시 70만 명이 희생되었다고 보는 학자도 있으니까요. 피라미드나 만리장성 모두 위대한 인류의 문화유산인 것은 맞지만, 과연 그것이 누구를 위한 것인지, 무엇을 위한 희생이었는지도 생각해 봐야 할 것입니다.

김딴지 변호사　　아닙니다, 판사님. 그런 훌륭한 건축물이 남아 있지 않았다면 과거 인류의 위대함을 알지 못했을 것입니다. 피라미드 같은 유적이 남아 있다는 것은 매우 다행스러운 일입니다. 역사적인 일에는 때로 희생이 따를 수밖에 없습니다.

이대로 변호사　　말도 안 되는 소리입니다. 어떤 목적을 위해서든 누구를 위한 일이든 타인의 생명을 담보로 해서는 안 됩니다. 피라미드를 짓고 생명이 희생되는 것보다 피라미드를 짓지 않고 생명을 지키는 편이 낫습니다. 역사를 제삼자가 되어 평가해야 할 때도 있지

만리장성
중국 본토의 북쪽 변방과 몽골 지역 사이에 쌓인 성벽으로 중국 역대 왕조들이 북방민족의 침입을 막으려고 세웠습니다. 지도상 연장 길이가 2700킬로미터이며, 중간에 갈라져 나온 길이까지 합치면 약 5000~6000킬로미터에 이릅니다. '인류 최대의 토목 공사'라 불리지요. 보통 진나라의 시황제가 세우기 시작했다고 보는데, 그보다 훨씬 전인 춘추 시대부터 북쪽 변방에 부분적으로 성벽이 건축되었다고 보기도 합니다.

만, 자신이 역사의 주인공이 되어서도 생각해 봐야 합니다.

판사   자자, 모두 일리 있는 말씀입니다만 오늘 재판에서 다루어야 할 다른 이야기가 좀 남았으니 그 이야기는 이쯤에서 마무리하도록 합시다. 그럼 이제 피라미드에서 어떤 것들이 나왔는지에 관해 이야기하겠습니다. 이에 관해 궁금해하는 사람들이 많을 것 같은데요. 증인, 대부분의 피라미드가 도굴꾼들에 의해 파헤쳐졌지요?

현고고   파라오들의 무덤이 도굴되기 시작했다는 것은 더는 파라오의 권위가 이전과 같지 않다는 것을 의미합니다. 이집트의 제5왕조가 시작되었을 때는 파라오의 힘이 많이 약해져 있었습니다. 왕의 권력이 약해지자 반대로 귀족들의 힘은 커졌지요. 그래서 귀족들은 자신들의 무덤도 파라오의 무덤처럼 크게 만들기 시작했어요. 원래는 죽은 후에도 왕을 모신다는 의미로 왕의 무덤 근처에 귀족의 무덤을 만들었는데, 귀족들이 이러한 일을 거부했지요. 서로 넓은 땅을 차지하려고 자기들끼리 싸움까지 하는 형편이었습니다. 더 이상 파라오는 신의 아들도, 절대 권력의 상징도 아니었어요. 결국 제6왕조 이후 전국이 분열되었고, 이집트 사회는 지방 귀족들의 차지가 되었습니다. 그러자 파라오의 무덤 관리도 소홀해졌고 도굴꾼도 들끓었지요.

판사   그래서 오늘 소송을 제기한 원고 쿠푸의 미라도 도굴꾼들에 의해 사라진 것이군요.

현고고   그렇습니다. 현대의 고고학자들은 피라미드에 관심을 가지면서 쿠푸 왕의 피라미드를 가장 먼저 연구했어요. 그들은 쿠푸

쿠푸 왕의 피라미드 옆면

왕의 미라를 찾아 눈썹이 휘날리게 뛰어다녔지만 결국 찾지 못했습니다. 도둑들이 언제 훔쳐 달아났는지 가늠조차 할 수 없었지요. 피라미드를 탐사하기 시작한 때는 피라미드가 지어진 지 수천 년이 지난 시기였으니까요. 파라오의 권위가 땅에 떨어지고 귀족들이 권력을 잡은 혼란기 즈음에 미라가 사라졌으리라고 짐작할 뿐입니다.

증인 현고고가 이야기하는 동안 분노의 콧바람을 내뿜던 쿠푸 왕이 더는 못 참겠다는 듯 벌떡 일어났다.

쿠푸　정말 분통이 터지는구려! 지금까지 내 시신도 못 찾았다

왜 이집트 인들은 피라미드를 지었을까?

니……. 그 소식을 듣고 하루도 편히 잠을 자 본 적이 없소. 어떻게 감히 그런 엄청난 일을 벌였는지…….

판사 원고가 얼마나 속상할지 이해가 됩니다. 하지만 진정을 좀 하시고, 발언 기회를 얻어 발언해 주세요.

쿠푸 흠, 알겠소.

판사 아까 임호테프 씨가 말씀하셨듯이 신처럼 여기던 왕의 무덤 이고 엄청난 보물까지 묻어 놨는데 도굴꾼들이 쉽게 입구를 찾을 수 있었다니 의외군요.

김딴지 변호사 임호테프 씨를 비롯해 피라미드를 설계한 사람들도 어느 정도 도굴을 예상하긴 했습니다. 피라미드 안의 통로를 큰 돌로 막아 놓는다거나 입구를 숨기려고 노력한 흔적이 여럿 있거든요. 쿠푸 왕의 관이 놓인 방과 똑같이 생긴 가짜 방을 만들기도 했습니다. 하지만 훔치자고 작정한 사람들을 어떻게 막을 수 있겠어요?

판사 그런데 개인적으로 궁금한 게 있네요. 방청석에 계신 분들도 궁금하실 것 같은데, 대체 이집트 사람들은 왜 미라를 만들었을까요? 원고의 시신 이야기를 자꾸 해서 죄송하지만, 만약 지금 발견된다면 어떤 상태일까요? 그때는 시신을 처리할 수 있는 의학 기술도 거의 발달하지 않았을 텐데…… 여러 가지로 궁금합니다.

김딴지 변호사 판사님, 일단 시신이 쉽게 부패하지 않으려면 기후가 중요합니다. 다행히 이집트는 사막 지역이라 무척 건조합니다. 습기가 거의 없고 태양열이 무척 강하지요. 그렇다 보니 죽은 지 오랜 시일이 지나도 시체가 거의 썩지 않습니다. 살아 있을 때와 크게 달라지지 않지요.

판사　그러니까 이집트 인들은 시체가 거의 변하지 않는 것을 보고 더 오랫동안 시신을 보존할 수 있겠나 싶었겠군요? 그래서 나름의 방법을 생각했을 테고요.

김딴지 변호사　그렇지요. 참고로 말씀드리자면, 이집트 인들은 정말 똑똑했습니다. 메네스 왕이 이집트를 통일하기 전에 이미 십진법을 이용해 세금을 계산하고 예상 노동 인원도 계산했지요. 기원전 3000년경에 벌써 분수를 계산했고 이차방정식도 풀었다고 합니다. 피라미드를 황금 비율로 지을 수 있던 것도 계산학이 발달한 덕분이지요. 좀 전에 판사님께서는 의학 기술도 발달하지 않았을 거라고 하셨는데, 잘 모르시는 말씀입니다. 당시 이집트는 의학도 상당한 수준으로 발달해 있었거든요. 자연에서 자라는 다양한 식물을 이용해 수술도 했다고 합니다.

판사　아, 그…… 그렇군요. 제가 잘 몰랐습니다. 그럼 계속하시지요.

김딴지 변호사　고고학자들은 이집트 사람들이 기원전 3300년 무렵부터 미라를 만들었을 것으로 추측합니다. 이집트 인들이 시체를 썩지 않게 보존하는 것에는 매우 중요한 의미가 있었습니다. 그들은 비록 육체는 죽었지만 영혼은 계속 살아간다고 믿었어요. 그래서 시체를 잘 보존해 놓으면 영혼이 다시 돌아와 살아날 수도 있다고 생각했지요. 이 영혼을 '카(Ka)'라고 불렀는데, '카'가 돌아오면 잘 지낼 수

있게 생전에 쓰던 물건과 즐겨 먹던 음식을 무덤에 함께 넣었지요.

이대로 변호사 원고 측 변호인이 벼락치기로 공부를 좀 했나 봅니다. 저희 피고가 이집트 사제들에게서 미라 만드는 법을 직접 들었다고 하는데, 한번 들어 보시겠습니까?

판사 좋습니다. 피고가 직접 들었다니 더 흥미가 생기는군요! 피고, 나와서 발언하시지요.

　'오늘 재판에서는 입에 거미줄 치는 줄 알았네. 미라 만드는 법을 기록하지 않았으면 아예 입도 뻥끗 못할 뻔했군. 역시 사람은 배워

뒤야 해. 배운 건 언제든 써먹을 수 있다니까!'

헤로도토스는 속으로 중얼거리며 흐뭇하게 웃었다.

헤로도토스　아, 그러니까 내가 이집트 사제들에게 조르고 졸라서 들은 내용을 지금부터 수업료도 안 받고 공짜로 이야기해 드리겠습니다. 오늘 여기 계신 분들은 정말 운이 좋은 분들입니다.

"우아, 미라 만드는 법을 듣게 되다니……."

방청석의 몇몇 사람이 환호성을 지르다가 판사가 엄숙한 표정으로 노려보자 이내 입을 다물었다. 헤로도토스는 방청석을 보며 어깨를 한 번 으쓱하더니 이야기를 이어 나갔다.

헤로도토스　미라를 만드는 방법에는 크게 세 가지가 있습니다. 방법과 비용에 차이가 좀 있지요. 먼저 비용이 가장 많이 들면서 가장 오래 미라를 보존할 수 있는 방법을 소개하겠습니다. 쇠꼬챙이를 콧속에 넣어 뇌를 긁어냅니다. 그다음 옆구리를 약간 가르고 속에 손을 넣어 내장을 제거하지요. 제거한 자리를 야자 술로 잘 씻고, 비운 속에는 여러 향료와 방부제, 나뭇진을 채워 넣습니다. 그런 다음 생선 뼈로 만든 바늘로 살을 꿰매지요. 작업을 끝낸 시체는 소금물이나 소다수에 70일 정도 담가 둡니다. 그러고 나서 붕대로 머리부터 발끝까지 꽁꽁 싸매면 미라가 됩니다. 미라를 관에 넣고 못질을 한 다음 무덤에 넣었지요.

미라를 만드는 방법을 듣는다고 신이 났던 방청석은 뇌를 긁어내고 내장을 빼내는 얘기에서 조금 술렁거렸다.

헤로도토스 두 번째 방법은 비용이 조금 저렴합니다. 뇌나 내장을 빼지 않고 시체를 처리하기 때문이지요. 이때는 시체의 내장을 '시더'라는 기름으로 녹여 버립니다. 빼내는 것만큼이나 무섭지요? 아무튼 그렇게 내장을 녹인 시체를 첫 번째 방법처럼 소다수나 식초에 담가 두었다가 붕대로 싸매면 미라가 됩니다. 뼈와 가죽만 남은 미라이지요. 마지막으로 가장 저렴하고 쉬운 방법은 아무 처리도 하지 않고 70여 일 동안 소다수에 담가 두었다가 붕대로 싸매서 미라를 만드는 것입니다.

판사 피고의 이야기를 듣다 보니 궁금한 점이 하나 더 생기는군요. 첫 번째 방법으로 미라를 만들 때 뇌와 내장을 모두 꺼낸다고 했는데요, 그때 꺼낸 내장은 어떻게 했나요? 죽었다 해도 감히 왕의 내장을 함부로 처리하지는 않았을 것 같은데요.

헤로도토스 맞습니다. 왕과 왕비의 내장은 깨끗이 씻어 방부제를 넣고, 삼베에 싸서 항아리에 넣어 두었습니다. 재미있는 사실은 내장이 무엇인지에 따라 넣는 항아리가 달랐다는 점입니다. 뚜껑이 사람 머리 모양인 항아리에는 위와 대장을, 개 머리 모양에는 소장을, 매 머리 모양에는 간장과 담낭을, 승냥이 머리 모양의 항아리에는 폐를 담았지요. 그리고 이 항아리들을 미라를 넣은 관과 함께 방 안에 안치했습니다.

미라는 썩지 않고
건조되어 원래 상태에
가까운 모습으로
남아 있는 인간이나
동물의 시체를 말해요.

판사 고대 이집트 인들은 사람이 죽으면 누구든 미라로 만들었나요?

헤로도토스 아닙니다. 가난한 사람들은 미라로 만들지 않았습니다. 그들이 죽으면 갈대 방석으로 둘둘 말아 모래 속에 묻었어요. 돈이 없으면 죽는 것도 초라했지요.

판사 죽은 사람을 모두 미라로 만들었던 것은 아니군요. 미라를 만드는 방법에 대해 자세히 설명해 주셔서 감사합니다. 양측 변호인, 피고에게 더 신문할 것이 있습니까? 음, 없으시다면 피고는 자리로 돌아가셔도 좋습니다.

3 파라오의 무덤에서는 무엇이 발견되었을까?

판사 시간이 많이 지났는데요, 마지막으로 과연 파라오의 무덤에서 무엇이 발견되었는지 말해 보았으면 합니다.

김딴지 변호사 네, 판사님. 파라오의 무덤 중 거의 원형 그대로 발굴되어 전 세계의 이목이 집중되었던 곳이 있습니다. 바로 황금 마스크의 주인공, 투탕카멘의 무덤이지요. 이 무덤을 처음 발굴한 영국의 전설적인 고고학자, 하워드 카터 씨를 모시고 당시의 얘기를 들어 봤으면 합니다.

판사 좋습니다. 카터 씨는 나와서 증인 선서를 해 주시기 바랍니다.

증인석으로 나온 하워드 카터는 영국 신사들이 즐겨 입는다는 체크무늬 코트를 입고 있었다. 그는 코트를 벗어 가지런히 의자에 걸쳐 놓으며 혼잣말처럼 "여왕이여, 저를 보호하소서" 하고 말했다.

하워드 카터   나는 본 법정에서 오직 진실만을 이야기할 것을 선서합니다.

판사   증인이 투탕카멘의 묘를 발굴한 것이 맞지요? 그게 언제이며, 처음 발굴하게 된 계기는 무엇인지 말씀해 주시겠습니까?

하워드 카터   나는 고대 이집트 파라오들의 무덤을 발굴하는 데 내 모든 인생과 영혼을 바쳤습니다. 날마다 모래바람과 싸우며 무덤을 찾아 나섰지요. 그러던 중 투탕카멘의 묘를 발굴하게 되었습니다. 그것이 1922년의 일입니다. 거의 모든 파라오의 무덤이 도굴되어 계속 허탕만 치고 있던 무렵이었지요. 묘지 도둑이나 이집트를 정복하러 온 이민족에 의해 대부분의 무덤이 폐허가 되었다고 해도 과언이 아니었습니다. 아무튼 계속 이런 무덤들만 발굴하고 있자니, 나를 후원하던 카나본 경이 더 이상 후원금을 주지 않겠다고 으름장을 놓았어요. 하지만 나는 "곧 뭔가가 발견될 것처럼 감이 매우 좋다"라며 조금만 더 도와 달라고 그를 설득했지요. 그는 한숨을 푹푹 내쉬었지만 나의 열정과 끈기를 높게 사 계속 자금을 마련해 주었습니다. 그러던 중 거의 원형 그대로 남은 소년 왕 투탕카멘의 묘를 발견했지요. 발견 당시 심장이 몹시 쿵쾅거려서 아무것도 할 수 없을 정도였습니다. 하지만 마음을 진정시키고 서둘러 카나본 경에게 전보를 쳤지요. 마침내 왕들의 계곡에서 놀라운 발견을 했노라고! 원형 그대로 보존된 무덤이 있으니 빨리 달려와 달라고요.

하워드 카터는 아직도 그날의 감동이 생생한지 쉽게 흥분을 가라앉히지 못했다.

판사   증인, 진정하시고 무덤에 처음 들어가 무엇을 보았는지 말씀해 주십시오.

하워드 카터   알겠습니다, 판사님. 투탕카멘만 생각하면 자꾸 흥분하게 되는군요. 나는 일단 떨리는 손으로 조심스럽게 시험용 막대를 지하 통로의 문 앞 구멍으로 집어넣었습니다. 그런데 처음엔 막대에 걸리는 게 없는 것 같더군요. 혹시 오랫동안 봉인돼 있던 무덤에서 해로운 가스나 나쁜 물질이 나올지 몰라 구멍을 조금씩 넓혀 가며 안으로 초를 넣었지요. 여전히 아무것도 보이지 않았고 촛불만 가끔 흔들렸습니다. 하지만 눈이 서서히 어둠에 적응하면서 무덤 안에 있는 것들이 보이기 시작했습니다. 이상한 동물 모양의 조각상들이 있었고, 방 안의 대부분의 물건이 황금빛으로 빛났지요. 3300년이라는 긴 세월 동안 잠자던 물건들이 서서히 살아나는 순간이었습니다. 저는 처음 보는 그 광경에 아무 말도 할 수 없었어요. 옆에서 내 반응을 지켜보면서 어떤 말을 할지 기다리던 다른 사람들은 그 순간이 영원처럼 느껴졌을 겁니다. 그러다 카나본 경이 더는 참지 못하고 무엇이 좀 보이느냐고 물었지요. 그의 목소리 역시 떨리고 있었습니다. 내가 할 수 있는 말은 "대단한 것들이 보인다"라는 것뿐이었지요.

이대로 변호사   증인, 그러니까 그 대단한 것들이 대체 무엇이었나요?

하워드 카터   황금으로 된 소파와 황금 침대, 황금 샌들을 신은 조

각상, 황금 뱀, 여러 모양이 새겨진 문갑, 금을 박은 선반, 그리고 죽은 사람에게 바쳤던 것으로 보이는 꽃다발 등이었습니다. 그때까지 그렇게 놀라운 광경은 본 석이 없습니다. 그 외에도 무덤을 만들 때 사용한 것으로 보이는 작업용 램프도 있었습니다. 그런데 갑자기 가장 중요한 무언가가 빠졌다는 느낌이 들었습니다.

이대로 변호사　　그게 무엇인가요?

하워드 카터　　바로 미라입니다. 제일 궁금했던 미라가 보이지 않았던 것이지요. 미라를 찾으려고 여기저기 횃불을 비추던 중 벽 반대쪽에서 문을 하나 발견했습니다. 순간적으로 그 문이 매우 중요한 문임을 직감했지요. 그건 매장실의 입구였습니다. 처음에 발견했던 황금빛 물건들로 가득 찬 방의 문 뒤로 다른 방들이 계속 나왔지요. 떨리는 심정으로 수많은 방을 지나자, 마침내 마지막 방이 나왔습니다. 거대한 황금 매장실이었지요. 매장실 안에는 더 작은 매장실들이 있고 그 안에 관들이 놓여 있었습니다. 보통 중요한 것은 가장 안쪽에 두지요? 역시나 방의 가장 안쪽에 순금으로 만든 관이 있었습니다. 관을 열려고 하는데, 뚜껑의 무게가 만만치 않더군요. 숨을 멈추고 그 뚜껑을 열어 보니…….

김딴지 변호사　　아, 증인! 중요한 순간에 왜 자꾸 뜸을 들이시는 겁니까? 아이고, 답답해라. 증인이 뚜껑을 열자 소년 파라오인 투탕카멘 미라의 황금 마스크가 보였던 거군요?

하워드 카터　　김딴지 변호사님이야말로 자꾸 초를 치시네요. 죄송하지만 아닙니다. 매우 잘 만들어진 화강암 석관이 몇 겹이나 싸여 있었습니다. 마지막 관은 순금으로 되어 있었지요. 그 순금 관을 열자 비로소 황금 마스크가 보였어요. 목에는 황금으로 만든 세 겹의 목걸이를, 팔에는 11개의 팔찌를, 손가락에는 15개의 황금 반지를 끼고 있었지요. 귀에도 43개의 보석으로 만든 여섯 쌍의 귀걸이를 하고 있었고요. 그뿐만이 아니에요. 요즘 여성들의 패션 아이템인 발찌도 투탕카멘 왕은 8개나 하고 있더군요. 발가락에도 순금으로 된 덮개가 씌워져 있었어요.

투탕카멘은 이집트 제18왕조 제12대 왕으로 '왕가의 계곡'에 있는 왕묘가 발굴되면서 유명해졌습니다.

김딴지 변호사   온몸을 황금으로 도배했군요. 그때도 물론 황금이 귀했겠지만, 지금 돈으로 따지면 어마어마하겠지요?

하워드 카터   김딴지 변호사! 황금의 시가를 계산하는 것은 중요한 일이 아닙니다. 고고학자들에게는 투탕카멘이 과연 어떤 왕이었는지 밝혀내는 게 훨씬 시급했으니까요.

판사   그렇게 어마어마한 물건들이 나왔으니 당연히 대단한 왕이 아니었을까요?

하워드 카터   아닙니다, 재판장님. 역대 이집트의 파라오들을 조사해 본 결과 투탕카멘은 예상 외로 이집트 역사에서 그리 중요한 왕이 아니었어요. 왕조가 기울어 갈 때 파라오의 자리에 올랐거든요. 그런데도 그처럼 굉장하고 어마어마한 물건들이 가득했으니, 이 재판의 원고인 쿠푸 왕의 무덤에는 대체 얼마나 귀중한 것들이 들어 있었을까요?

이대로 변호사   이렇게 엄청난 보물들을 무덤에 넣었는데, 당시 이집트 인들은 도굴꾼들이 활개를 칠 거라고 예측하지 못했을까요?

하워드 카터   물론 그들은 예상하고 있었습니다. 그래서 신왕국 시대를 연 아멘호테프 1세는 오늘날의 룩소르 지역인 테베의 나일 강 서쪽 바위산을 파고 그 속에 무덤을 숨겨 놓았지요. 이른바 **'왕가의 계곡'** 혹은 '왕들의 계곡'이지요. 그런데 왕가의 계곡에 있는 무덤들조차 투탕카멘 왕의 무덤을 제외하고는 대부분 도굴을 당했어요. 우리가 발굴을 시작했을 때는 발굴 허가를 받지 않아도 될 지경이었습

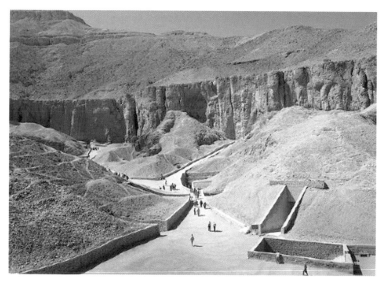

왕가의 계곡

니다. 왜냐고요? 모두 도굴이 되어 더는 나올 것이 없었으니까요. 그러니 이집트의 수천 년 역사는 도굴의 역사이기도 한 것입니다. 아직도 가슴이 아픕니다.

이대로 변호사   그래서 투탕카멘의 무덤이 유일하게 고대 이집트 사회를 보여 주는 마지막 희망이자 증거가 된 것이군요. 증인의 생생한 발굴 이야기를 잘 들었습니다. 이상으로 증인 신문을 마치도록 하겠습니다.

판사   수고하셨습니다. 오늘은 피라미드를 누가 어떻게 만들었는지, 그리고 피라미드 안에 어떤 것들이 있었는지 알아보았습니다. 다음 재판에서는 쿠푸 왕이 피라미드를 쌓는 과정에서 노동 착취를 하였는지 그렇지 않은지 살펴보겠습니다. 그럼 다음 재판에서 뵙도록 하지요.

땅, 땅, 땅!

왜 이집트 인들은 피라미드를 지었을까?

다알지 기자

시청자 여러분, 안녕하세요? 역사공화국 법
정 뉴스의 다알지 기자입니다. 지금 막 끝난 쿠푸
대 헤로도토스의 두 번째 재판 내용을 알려 드리고자
세계사법정에 나와 있습니다. 오늘 재판에서는 피라미드를 누가 어떻
게 지었는지, 피라미드에서 무엇을 발견했는지를 알아보았습니다. 사
카라의 계단식 피라미드의 주인인 조세르 왕이 원고 측 증인으로 나
와서 피라미드를 짓게 된 이유에 대해 증언했습니다. 그는 피라미드가
인류의 위대한 문화유산이라고 주장했습니다. 피고 측 증인으로는 현
고고 선생이 나와, 피라미드가 인류의 위대한 유산인 것은 맞지만 그
것이 어떤 이들의 희생으로 만들어졌다는 사실을 잊어서는 안 된다고
강조했습니다. 그럼 지금부터 원고 측 김딴지 변호사와 피고 측 이대
로 변호사를 모시고 오늘 재판에 대한 소감을 들어 보겠습니다.

김딴지 변호사

　　고대 이집트 역사에서 피라미드의 건설은 아주 중요한 위치를 차지합니다. 피라미드의 규모를 보면 당시 왕권, 즉 파라오의 권위를 알 수 있지요. 피라미드가 고대 이집트 인들의 피와 땀으로 지어졌다는 피고 헤로도토스의 기록으로 말미암아 후대 사람들은 피라미드라고 하면 노동력 착취만을 떠올리게 되었습니다. 하지만 오늘 재판에서 피라미드가 어떻게 지어졌는지 알릴 수 있었지요. 그 덕분에 고대 이집트 인들의 내세관과 그 밖에 왕권과 관련된 역사적인 사실도 밝힐 수 있어서 의미 있던 재판이었습니다.

이대로 변호사

　피라미드 건설의 이면에는 영원히 살려면 죽은
뒤에도 왕에게 봉사하는 방법밖에 없다는 백성들의 의
식이 깔려 있습니다. 이집트 인들의 내세관과 맞물려 자연스레 노동력
의 착취로 이어진 것이지요. 피라미드를 지은 기간 피라미드에 동원된
인원을 상상해 보세요. 교과서에도 나오지만, 10만 명의 인원이 20년
간 공사에 동원됐다고 하잖아요? 그동안 희생된 사람들은 얼마나 많
을까요? 어떤 목적을 위해서든지, 누구를 위한 일이든지 타인의 생명
이 희생되어서는 안 됩니다. 피라미드를 짓지 않고 백성을 보살피는
게 진정한 왕의 모습이 아닐까요?

고대 이집트의 유물에는
어떤 것이 있을까?

세계에서 가장 먼저 문명을 발달시킨 4대 문명 중에 이집트 문명이 있습니다. 나일 강 유역을 중심으로 발달한 이집트 문명은 어떤 유물을 남겼는지 살펴볼까요?

스핑크스

스핑크스는 사람의 머리와 사자의 몸체를 가지고 있다고 전해지는 괴물입니다. 특히 지나가는 사람에게 수수께끼를 내어 풀지 못한 사람을 잡아먹었다는 전설로 유명하지요. 스핑크스는 시대에 따라 그 모습과 성격도 달라졌는데, 사진 속 유물은 고대 이집트의 헤테페레스 2세 여왕 때 만들어진 것으로 추측되고 있습니다. 현재 카이로 박물관에 보관되어 있지요.

투탕카멘의 마스크

이집트 제18왕조의 12대 왕인 투탕카멘은 10세의 어린 나이에 파라오가 되었습니다. 업적에 관한 기록이 남아 있지 않아 거의 알려진 것이 없는 이 왕은 18세의 젊은 나이에 숨을 거둔 것으로 전해지지요. 사진 속의 유물은 투탕카멘의 황금 마스크로, 붕대로 감은 미라의 얼굴에 파라오 얼굴 모양대로 만들어 씌워져 있었습니다. 얼굴 위에는 대머리 수리와 코브라가 조각되어 있지요. 현재 이집트 박물관에 보관되어 있습니다.

로제타석

기원전 196년 고대 이집트에서 만들어진 것으로, 같은 내용의 글이 세 가지 다른 언어로 적혀 있는 화강암으로 된 비석조각입니다. 높이 1.2미터, 너비 75센티미터, 두께 28센티미터이고 표면은 3단으로 되어 있지요. 비석의 가장 위쪽에는 이집트 신성 문자가, 가운데에는 이집트 민중 문자가, 하단에는 고대 그리스 문자가 새겨져 있습니다. 현재 영국의 대영 박물관에 소장되어 있으며, 같은 내용이 세 가지 언어로 적혀 있기 때문에 고대 이집트 문자의 해독에 큰 역할을 담당하였지요. 사진은 로제타석의 탁본입니다.

호루스의 눈 목걸이

'호루스의 눈'은 고대 이집트에서 신과 같은 존재로 여겨졌던 파라오의 왕권을
보호하는 상징으로 '태양의 눈', '라의 눈'이라고도 불립니다. 사진 속 유물은
호루스의 눈 문양이 있는 목걸이입니다. 고대 이집트에서는 장례 의식에서 미
라가 착용하는 귀금속으로도 사용되었던 것으로 보입니다.

쿠푸는 극악무도한 왕이었을까?

1. 쿠푸 왕은 노동력을 착취했을까?
2. 헤로도토스는 어떤 인물이었을까?

교과연계

역사
I. 문명의 형성과 고조선의 성립
  3. 문명의 발생과 국가의 출현
    1) 메소포타미아 문명과 이집트 문명

1

쿠푸 왕은 노동력을
착취했을까?

판사   일반적으로 '이집트' 하면 가장 먼저 떠오르는 것이 바로 피라미드와 스핑크스이지요. 이번 재판에서는 쿠푸 왕이 피라미드를 축조하는 과정에서 노동력을 착취했는지의 여부를 살펴보겠습니다. 먼저 원고 측 변호인은 피고 측의 주장에 어떤 문제가 있는지 설명해 주시기 바랍니다.

김딴지 변호사   피고 헤로도토스는 이집트를 여행하고 자신이 직접 보고 들은 이야기를 토대로 이집트 여행기를 썼습니다. 그게 바로『역사』라는 책이지요.

이대로 변호사   판사님, 이의 있습니다. 원고 측 변호인은 아무 근거도 없이 피고의 훌륭한 역사서를 여행기라며 깎아내리고 있습니다.

판사   인정합니다. 원고 측 변호인은 확실한 근거를 토대로 하여 의견을 말해 주시기 바랍니다.

김딴지 변호사　　네, 알겠습니다. 그런데 판사님, 근거가 있는지 없는지는 제 이야기를 다 들어 본 후에 판단해 주시죠. 그리고 이대로 변호사, 확실한 증거와 증인들이 있으니 나중에 딴말이나 하지 마세요!

이대로 변호사　　아니, 이 사람이 정말…… 보자 보자 하니까 누굴 보자기로 아나? 남 걱정하지 말고 댁이나 걱정해요! 매일 딴죽이나 거는 주제에…….

　　판사는 법정의 분위기가 양측 변호사의 신경전으로 달아오르자 법봉을 두드리며 조용히 시켰다.

판사　　자자, 좀 조용히 하세요. "5000년 전의 고대 문명에서 인간이 배울 수 있는 것은 겸손뿐이다"라는 어느 학자님의 말 몰라요? 찬란한 이집트 문명에 대해 알아 가는 이 중요한 재판에서 언제까지 서로 으르렁대기만 할 거예요? 재판이 끝나고 그 학자님의 연락처를 드릴 테니 이 변호사와 김 변호사는 겸손을 좀 배우고 오세요.

김딴지 변호사　　네, 주의하겠습니다.

이대로 변호사　　죄송합니다.

판사　　좋습니다. 다시 한 번 차근차근 따져 보기로 하죠. 원고 측 변호인에게 묻겠습니다. 대체 피고 헤로도토스의 역사서에 무슨 문제가 있다는 거죠? 지금까지 훌륭한 역사서로 평가받아 왔지 않습니까?

김딴지 변호사   네, 전체적으로 훌륭한 역사서임에 틀림없습니다.
아직도 수많은 사람이 그 책을 읽으니까요. 하지만 그 책의 이집트
에 관련된 부분에는 문제점이 많습니다.

판사   대체 어떤 내용에 문제가 있는지 콕 집어서 말씀해 주세요.

김딴지 변호사   판사님, 그 문제점을 확인하고자 피고 헤로도토스
를 신문해도 되겠습니까?

왜 이집트 인들은 피라미드를 지었을까?

판사　그렇게 하세요. 피고는 증인석으로 나와 주시기 바랍니다.

김딴지 변호사　우선 재판을 진행하는 판사님과 배심원 여러분은 피고 헤로도토스의 『역사』를 봐 주십시오. 자, 그럼 피고에게 질문하겠습니다. 피고가 쓴 『역사』 중 피라미드와 관련된 부분에서 "사제들이 말하기를, 스네프루가 죽을 때까지 이집트는 훌륭하게 통치되고 대단히 번영했다고 한다. 그러나 그의 뒤를 이어 왕위를 계승한 쿠푸는 온갖 사악함 속으로 빠져들었다. 쿠푸는 신전들을 폐쇄하고 이집트 인들이 제물을 바치는 것을 금지했으며, 오직 자신을 위해 일하도록 강요했다"라고 적혀 있는데 이렇게 쓴 게 맞습니까?

헤로도토스　네, 맞습니다. 내가 책에 분명히 그렇게 적었습니다.

김딴지 변호사　그렇다면 저기 앉아 계시는 쿠푸 왕이 정말 강제 노역을 시켰단 말인가요?

헤로도토스　그 부분은 내가 사제들에게 들었던 이야기를 그대로 쓴 것이라…….

김딴지 변호사　아니, 그럼 피고는 주위 사람에게 들은, 확인되지도 않은 이야기를 역사서에 기록했다는 말입니까? 존경하는 판사님, 그리고 배심원 여러분, 이러한 사실은 피고가 얼마나 무책임한 사람인가를 확인시켜 줍니다.

이대로 변호사　판사님, 이의 있습니다. 원고 측 변호인은 하나의 사실만으로 모든 것을 성급하게 판단하고 있습니다.

판사　인정합니다. 원고 측 변호인은 너무 앞서 가지 마시고 차근차근 심리를 진행해 주세요.

김딴지 변호사　　알겠습니다. 피고에게 한 가지 더 질문하겠습니다. 주위에서 들은 이야기를 자신의 역사서에 기록하면서 역사가로서 양심의 가책을 느끼지는 않으셨나요?

헤로도토스　　네. 사제들에게 들었던 이야기이긴 하지만…… 역사서를 기록하면서 엄연한 사실이라고 생각했으니까요.

김딴지 변호사　　그럼 그 내용이 사실이라는 것을 뒷받침할 증거라도 있나요?

헤로도토스　　증거요? 후훗, 머리가 있으면 생각을 해 보세요. 쿠푸 왕의 피라미드를 만들 때 어떤 이들은 아라비아 산맥의 채석장부터 나일 강까지 돌을 운반하는 노역을 명령받았습니다. 또 다른 이들은 배에 실어 운반한 그 돌을 리비아의 구릉지까지 끌어다 놓아야 했지요. 그 인원과 기간이 얼마나 되었을지 상상이 되십니까?

김딴지 변호사　　대체 얼마나 된다는 거요?

헤로도토스　　매번 10만 명에 이르는 사람들이 3개월씩 교대로 노역에 동원된 겁니다. 돌을 운반하려고 도로를 만들 때는 백성에 대한 압제가 10년이나 계속되었습니다. 피라미드를 만드는 일 못지않게 많은 시간과 인원이 들었지요. 그리고 20년 동안 피라미드를 세울 기반과 지하 무덤으로 계획한 방들을 만들었고요.

김딴지 변호사　　흠. 역사상 가장 위대한 공사였으니 그 정도야 뭐…….

헤로도토스　　돌을 채석하고 운반해 지하의 방들을 만드는 데 걸렸을 그 엄청난 시간을 상상해 보세요. 거기다 공사를 하려면 돈도 있어야 하잖아요. 그 돈은 다 어디서 충당했겠어요?

판사   피고는 그 돈을 어디서 충당했을 것 같나요?

헤로도토스   나의 책 『역사』에도 기록했지만, 다시 한 번 말씀드리지요. 그 당시 쿠푸 왕은 피라미드 건설에 눈이 멀어서 백성의 노동력을 착취한 것은 물론이고 상상할 수 없는 미친 짓까지 했답니다.

판사   위엄 있는 역사가이신 피고가 미친 짓이라고 표현할 정도면 우리가 모르는 뭔가가 있나 보군요. 도대체 그 미친 짓이라는 게 뭔가요? 궁금합니다.

헤로도토스   네, 알려 드리겠습니다. 쿠푸 왕의 포악은 피라미드를 건설하면서 극에 달했습니다. 자신의 재산을 모두 써 버리고도 모자라 자신의 딸에게 재물을 벌어 오라고 명령했지요. 이게 미친 짓이 아니고 뭐겠어요?

판사   저런…… 그래서 쿠푸 왕의 딸이 돈을 벌어 왔나요? 얼마나 벌어 왔을까요?

헤로도토스   그게 확실히 어느 정도인지는 나도 들은 바가 없어서 말할 수 없어요. 하지만 아버지가 원하는 만큼은 벌어 왔다고 하더군요. 그녀는 후세에 자신을 기억할 만한 기념물도 하나 만들려고 했답니다. 그래서 자신에게 오는 남자들에게 돌 하나씩을 선물로 달라고 청했다고 합니다. 그 나물에 그 밥이라더니…… 참, 그 아버지에 그 딸이지 뭐예요, 쯧쯧.

김딴지 변호사   피고! 주제에서 벗어난 얘기는 하지 말고 쿠푸 왕에 대한 얘기만 하세요. 『역사』를 쓸 때처럼 직접 보지도 않은 일을 직접 본 것처럼 진술하면 안 됩니다. 여기는 신성한 법정입니다. 당신은 피고의 신분으로 증언 중이고요. 만약 증언이 거짓으로 밝혀지면 어떻게 되는지 모르지는 않겠지요?

이대로 변호사   판사님, 이의 있습니다. 원고 측 변호인은 피고를 중상모략하고 있습니다. 주의시켜 주십시오.

판사   인정합니다. 원고 측 변호인은 주의해 주세요.

판사가 제지하자 김딴지 변호사는 혼자 씩씩거리며 중얼거렸다.

김딴지 변호사   이건 뭐…… 묻지도 따지지도 말고 편안하게 구경만 하라는 거야 뭐야…….

판사   뭐라고요?

김딴지 변호사   아, 아닙니다, 판사님. 피고! 그래서 그게 뭐 어쨌다는 거죠? 계속 말씀해 보세요.

헤로도토스   네, 주제에서 벗어난 듯하지만 끝까지 들어 보시면 연관되었다는 걸 아실 거예요. 기증받은 돌로 그녀는 거대한 피라미드 중 가운데 일부를 세웠는데, 그것의 한 변의 길이는 약 46미터나 되었답니다. 그녀 역시 아버지의 나쁜 점을 본받은 것이지요.

판사   그렇다면 피라미드의 건축에 사용된 그 많은 돌은 어떻게 쌓아 올렸을까요?

헤로도토스   돌을 쌓아 올리는 데에는 목재로 만든 기중 장치를 사용했습니다. 그 기계로 피라미드를 축조했는데, '흙벽식 축조법' 혹은 '제단식 축조법'이라고 불린답니다.

판사   그 축조법에 대해 자세히 설명해 주시겠어요?

헤로도토스   그러지요. 우선 돌로 피라미드의 토대가 되는 기반을 구축하고 짧은 나무판자로 만든 기계를 이용해 남은 돌을 자신들이 있는 자리로 끌어 올렸어요. 첫 번째 기계는 땅에서부터 첫 번째 계단까지 들어 올리고, 또 다른 기계로 그것을 받아 두 번째 계단까지, 거기서 다시 세 번째 계단까지 끌어 올렸지요. 아무튼 이런 식으로 계속 작업을 진행해 피라미드를 쌓은 거랍니다.

김딴지 변호사   그게 말이 되나요? 기계가 도대체 몇 대나 있었던 건가요?

헤로도토스   나도 전해 내려오는 말을 들은 거라 확신할 수는 없지만, 그들은 피라미드의 계단만큼 많은 기계를 가졌거나, 아니면 한 대의 기계를 윗 계단으로 단계적으로 이동시켰을 수도 있습니다.

김딴지 변호사   아니, 피고는 대체 언제까지 자신이 쓴 내용을 다른 사람에게 들었다고만 할 건가요? 피고는 역사가로서의 주체성이 있기는 한 거요? 존경하는 판사님, 계속 다른 사람한테 들은 얘기라고 발뺌하는 피고에게 더 이상 진실한 증언을 얻기란 어려울 것 같습니다. 따라서 저희 원고 측에서는 본 재판의 원활한 진행을 위해 확실한 증인을 이 자리에 모셨습니다.

판사   확실한 증인이라, 그게 누군가요?

김딴지 변호사   네, 확실한 분이지요. 고고학자 아르햐이오스 선생을 증인으로 모시고자 합니다. 하지만 피고 측 증인이므로 먼저 허락을 구하는 바입니다.

판사   좋습니다. 피고 측이 허락한다면 아르햐이오스 선생은 증인 석으로 나와 증인 선서를 해 주시기 바랍니다.

판사의 말에 이대로 변호사가 어쩔 수 없다는 듯이 고개를 끄덕이 자 아르햐이오스는 두리번거리며 증인석에 올라 선서를 했다.

판사   그럼, 원고 측 변호인이 먼저 신문하겠습니다.

김딴지 변호사   증인은 현재 이집트 전문 고고학자로 활동하고 계 시지요?

아르햐이오스   그렇습니다.

김딴지 변호사   먼저 고고학자란 어떤 일을 하는 사람인지 설명해 주시지요.

아르햐이오스   많은 분이 고고학자가 하는 일에 대해 궁금해하시 는데, 우리 일이라는 게 돌멩이를 주워 보고 유물인지 아닌지 판정 하기만 하면 되는 건 아니에요. 나 같은 고고학자들에게 가장 중요 한 일은 발견한 유물을 단서로 그 시대의 역사를 가능한 한 복원하 는 것이랍니다.

김딴지 변호사   오호, 참으로 뜻깊은 일을 하시는군요. 그렇다면 이 집트의 피라미드에 대해서도 잘 아시겠군요?

아르햐이오스   네. 세계 7대 불가사의 중 하나이지요. 위대한 건축 물이지만 이들 피라미드에 관한 역사적 자료는 많지 않습니다. 그나 마 다행스러운 건 그중 하나가 잘 알려졌다는 겁니다. 바로 기원전 5

세기에 저기 계시는 헤로도토스 선생께서 쓴 『역사』이지요. 헤로도토스는 이집트를 여행하고 자신이 직접 보고 들은 이야기를 토대로 이집트의 과거사를 썼습니다.

김딴지 변호사　피고의 저서에 대해서도 해박한 지식을 가지신 듯하군요. 그렇다면 고고학자로서 피고의 주장을 어떻게 생각하시나요? 어설프기 짝이 없는 거짓 주장들이 아닌가요?

이대로 변호사　판사님, 이의 있습니다. 원고 측 변호인은 아무런 근거도 없는 내용으로 증인을 유도 신문하고 있습니다.

김딴지 변호사　근거가 있는지 없는지는 증언을 끝까지 듣고 판단해야 하는 게 아닐까요?

판사　양측 변호인 모두 진정하세요. 지금은 증인의 증언에 귀 기울여 봅시다. 뭔가 신비스러운 비밀의 문이 열리는 것 같지 않나요? 중요한 단서가 될 것 같으니 피고 측의 이의 제기는 기각합니다. 증인은 김 변호사의 질문에 답변하기 바랍니다.

아르햐이오스　그러지요. 우선 피고의 역사서에서는 3대 피라미드를 만든 인물의 이름을 케옵스, 케프렌, 미케리누스라고 하는데 이것은 각각 쿠푸, 카프레, 멘카우레의 그리스식 이름입니다. 한국의 어느 유명한 소설가의 『이집트 여행기』에는 케옵스, 케프렌, 미케리누스가 이집트식 이름이라고 정반대로 적혀 있는데, 그건 잘못된 것이지요.

김딴지 변호사　한국에서 출판된 책의 내용까지 알고 계시다니 정말 대단하십니다.

아르하이오스　　하하. 그 사실은 내가 알아낸 것은 아니고 한국의 학자들과 이런저런 이야기를 나누다 들었어요.

김딴지 변호사　　그러셨군요. 선 또 한국밀을 유청하게 하시기에…… 하하 아무튼 헤로도토스의 오류를 계속 말씀해 주시지요.

아르하이오스　　3대 피라미드를 만든 인물의 이름에 대해서 말하다 말았지요? 헤로도토스는 이집트 신관들에게서 들은 이야기라며 "케옵스(쿠푸) 피라미드의 지하 매장실에는 케옵스의 시신이 뉘어 있다"라고 쓰고 앞서 피고가 증언한 쿠푸 왕의 극악무도함을 서술했어요.

김딴지 변호사　　그렇다면 증인이 피라미드를 발굴하면서 밝힌 역사적인 사실들이 피고가 『역사』에서 주장했던 내용과 일치하는지요.

아르하이오스　　아뇨, 그렇지 않습니다. 중왕국 시대에 쓰인 『웨스트카 파피루스』에는 쿠푸 왕이 얼마나 탐구열에 불타는 인물이었나를 보여 주는 이야기가 실려 있지요. 또한 최근 카이로 서쪽의 기자 지구에 있는 쿠푸 왕 피라미드의 주변에서 노동자들의 묘지가 발굴된 것만 봐도 헤로도토스의 주장이 사실과 다름을 알 수 있습니다. 이 무덤은 제4왕조 시절인 기원전 2694년에서 기원전 2513년 사이의 것으로 추정됩니다. 만약 피라미드 건설에 동원된 사람들이 노예였다면 왕의 무덤 옆에 자신들의 무덤을 만들지는 못했을 겁니다. 심지어 노동자들의 무덤 벽에는 자신들을 쿠푸 왕의 친구라고 쓴 낙서도 있으니까요. 노예 신분이라면 감히 왕을 친구라고 표현하지는 못했을 겁니다. 또 피라미드 건설 당시에 노동자들은 하루 식량으로 버펄로 21마리와 양 23마리를 제공받은 것으로 보이는데, 이는 고대 그리스의 역사가인 헤로도토스가 주장한 10만 명의 10분의 1 수준인 1만 명 정도의 식량입니다. 따라서 헤로도토스의 역사서에서 말하는 쿠푸 왕에 대한 내용은 거짓이라는 거죠.

김딴지 변호사　훌륭한 답변 감사합니다. 이상으로 원고 측 신문을 마칩니다.

_{판사}　흥미로운 이야기 잘 들었습니다. 피고 측 변호인, 반대 신문해 주시죠.

이대로 변호사　증인 아르햐이오스 선생께 몇 가지만 묻겠습니다. 성의껏 답변해 주시기 바랍니다.

아르햐이오스　네, 성의껏 답변하죠.

이대로 변호사　증인은 고대 이집트의 역사상 쿠푸가 가장 걸출한 파라오로 꼽힌다면서 그 근거로 20세기 고고학자의 의견을 들곤 하던데요. 그 견해에 대해 이야기해 주시겠습니까?

아르햐이오스　현재 고고학계의 유력한 견해는 쿠푸 왕이 나일 강의 범람기에 농사일을 할 수 없는 사람들을 피라미드 건설에 종사하게 했다는 겁니다. 그리고 그 대가로 노동자에게 의류와 식량을 배급했다는 견해이지요. 이는 일종의 실업 대책 같은 것입니다. 만약 그랬다면 굉장히 훌륭한 파라오였다고 볼 수 있지요.

이대로 변호사　그것만으로는 좀 부족하지 않나요? 어차피 학계의 견해일 뿐인데…….

아르햐이오스　견해일 뿐이라고요? ▶피라미드 정도의 대규모 토목 공사를 하려면 노동 인구를 알아야 하죠. 분명

교과서에는

▶ 이집트에서는 실용적인 기술이 매우 발달하였는데 대규모 토목 공사를 하는 과정에서 측량술과 건축술이 발달하였습니다.

히 인구 조사가 행해졌을 테고, 언어의 통일, 즉 표준어의 지정과 도량형의 통일, 산업의 분업, 기술 혁신 등 공사를 둘러싼 여러 분야가 발달해야 합니다. 피라미드의 건설과 함께 이집트가 지중해의 맹주가 되어 간 것이 이를 뒷받침하지요. 따라서 헤로도토스의 기록은 초점이 빗나간 거라고도 볼 수 있습니다.

이대로 변호사　　하지만 그 의견 또한 확실한 증거가 되지 못합니다. 단지 그러했을 것이라는 증인의 짐작일 뿐이잖습니까?

　이대로 변호사의 지적에 아르햐이오스가 움찔하자, 김딴지 변호사가 무언가 결심한 듯 일어섰다.

김딴지 변호사　　판사님, 본 재판에 결정적인 단서가 될 사진들을 증거물로 제출합니다.

판사　　아니…… 이 사진들은 뭔가요? 설명을 좀 해 주시지요.

김딴지 변호사　　슬라이드를 준비해 왔습니다. 일단 화면을 봐 주시기 바랍니다.

　서기관은 김딴지 변호사로부터 슬라이드 파일을 넘겨받아 화면에 띄웠다. 순간 방청석이 웅성거렸다.

"아니…… 대체 저 사진들은 뭐야?"

"김딴지 변호사, 저 사람 참 특이하네."

"꼬맹이들이 벽에 낙서한 것 같은데 그걸 왜 찍어 온 거지?"

법정이 소란스러워지자 판사가 제지하고 나섰다.

판사   자자, 여러분! 조용히 하세요.

판사가 소란한 방청객들을 제지하고 있을 때 이대로 변호사가 김딴지 변호사를 향해 큰 소리로 외쳤다.

이대로 변호사   이봐요, 김딴지 변호사! 재판정이 무슨 놀이터요? 재판과 관계없는 아이들 낙서 사진은 왜 가지고 온 거요?

김딴지 변호사   답답하긴…… 이대로 변호사 눈에는 이게 아이들 낙서로 보이겠지요. 아는 게 없으니까!

이대로 변호사   아니, 이 사람이 정말…….

판사   다들 진정하세요. 설마 원고 측 변호인이 증거물로 아이들 낙서를 제출했겠어요? 일단 증거물에 대한 설명을 들어 봅시다. 증거물에 대해 설명해 주시지요.

김딴지 변호사   지당한 말씀이십니다. 그럼 이 증거물에 대해 소개해 드리지요. 우선 사진을 봐 주세요. 이대로 변호사처럼 아는 게 없으면 그냥 아이들의 낙서쯤으로 보는 게 당연하죠. 하지만 이건 그냥 낙서가 아닙니다. 아스완의 채석장을 찍은 사진이거든요.

판사   채석장이라면 피라미드를 쌓아 올리기 위한 돌들을 채집한 곳을 말하는 거지요? 쿠푸 왕의 피라미드에 사용된 돌들이 전부 거기서 채집된 거로군요.

편자
말굽에 대어 붙이는 'U'자 모양
의 쇳조각입니다.

거룻배
돛이 없는 작은 배를 말합니다.

김딴지 변호사   아, 그건 아니고요. 피라미드를 쌓을 때 외벽으로 사용된 돌들은 쿠푸 왕의 채석장에서 채집한 겁니다. 피라미드 남쪽에 300미터가량 펼쳐진 편자 모양의 거대한 덩어리이지요. 아스완의 채석장은 쿠푸 왕의 대피라미드에서 약 1000킬로미터 정도 떨어진 곳에 있어요. 방을 만들 때 내벽으로 사용한 단단한 돌들이 바로 아스완의 채석장에서 운반된 것이지요.

판사   대피라미드 내벽과 외벽에 서로 다른 곳의 돌들이 사용되었군요. 그런데 아스완은 1000킬로미터나 떨어진 곳인데 어떻게 돌을 운반했을까요?

김딴지 변호사   석재의 운반에 관해선 다양한 학설이 있어요. 일반적으로는 돌덩이들을 거룻배에 실어서 강둑까지 운반하고, 거기서부터는 통나무 굴림대에 올려 밧줄로 끄는 동시에 지렛대로 밀어 운반했다고 보고 있어요.

판사   그건 너무 원시적인 방법이 아닌가요? 수레나 말을 이용하지 않았을까요?

김딴지 변호사   아쉽게도 피라미드 건설 당시 이집트 인들은 수레나 말을 이용하는 방법을 몰랐다고 하네요.

판사   그렇다면 저 아스완 채석장의 낙서는 대체 어떤 내용인가요?

김딴지 변호사   아스완의 채석장에 남은 노동자들의 낙서에는 '파라오 만세', '집에 돌아가면 배불리 먹어야지'라는 내용들이 있습니다. 하나같이 밝은 어조이지요. 이것만 봐도 당시 사람들이 노예처

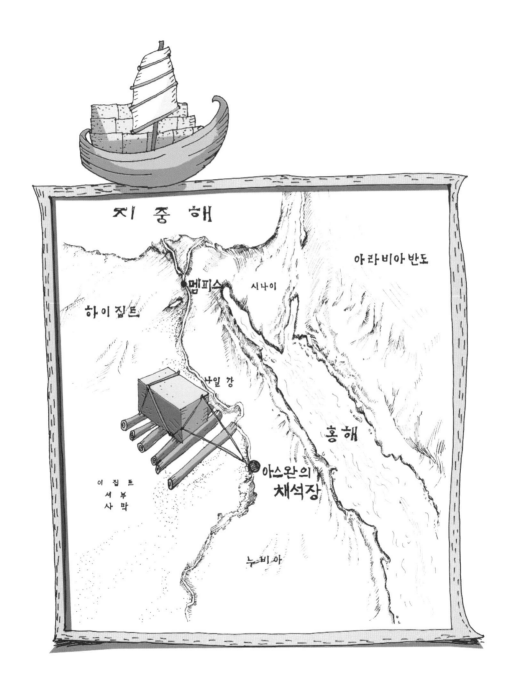

럼 채찍을 맞으며 일한 게 아니라, 고되긴 해도 매일매일 즐겁게 공동 작업을 했을 것이란 추측이 가능하죠.

판사　피고가 『역사』에서 주장한 내용과 전혀 다르군요.

김딴지 변호사　그렇습니다. 일반적으로 피라미드는 노예를 동원해 건설한 것으로 알려졌지요. 〈파라오의 대지〉와 같은 할리우드 영화, 혹은 고대 이집트를 다룬 어린이용 그림책이나 만화를 보면 노예들이 사막의 작열하는 태양 아래서 숨을 헐떡이며 일하는 장면이 나오거든요. 이렇듯 지금까지 우리는 피라미드 같은 거대한 건축물은 당연히 노예들이 만들었다고 생각했어요. 바로 피고 헤로도토스의 잘못된 기록 때문이지요.

판사　그렇다면 그 내용에 관해 요즘 학계는 정반대의 입장이라는 건가요?

김딴지 변호사　파라오를 위해 일한 이집트 노동자에 대한 견해는 최근 고고학계에서 여러 차례 밝혔지요. 예를 들어 어떤 권력자의 무덤에는 "파라오께서는 어떤 사람도 강제가 아닌 자기만족을 위해 일하기를 바라신다"라는 말이 기술되어 있어요. 이런 문장이 과연 겉치레에 불과할까요?

판사　그러니까 원고 측의 입장은 피라미드를 건설할 때 노동자들이 강제가 아니라 자발적으로 참여했다는 거죠?

김딴지 변호사　그렇습니다. 고대 이집트 인들은 비록 위험하긴 해도 가난한 시골 구석의 자기 집에 있는 것보다 왕을 위해 일하는 것을 더 좋아했을지도 모른다는 겁니다. 그들은 공사 현장에서 잘 먹고 잘 잤으며, 아프면 치료도 받았어요. 설령 환경이 나쁘더라도 그들에겐 파라오를 위해 일한다는 자부심이 있었던 거지요. 이런 사실을 듣고도 피고 측은 원고가 노동력을 착취한 극악무도한 왕이라고 말할 수 있을까요?

판사   네, 잘 들었습니다. 피고 측에서는 원고 측 변호인의 의견에 대해 하실 말씀이 있나요?

이대로 변호사   원고 측 변호인의 변론이 너무 뚱딴지 같아서 대꾸할 가치조차 없네요.

김딴지 변호사   허허. 발굴을 통해 확인된 사료를 보고도 그렇게 옹고집을 부리다니 정말 대단하십니다! 하하하.

이대로 변호사   어디 그렇게 계속 웃을 수 있나 두고 봅시다.

판사   자자, 그만들 하시고요. 휴식도 취하고 변론 자료도 준비할 겸 잠시 휴정한 후에 계속하겠습니다.

왜 이집트 인들은 피라미드를 지었을까?

2

헤로도토스는
어떤 인물이었을까?

판사   원고 측과 피고 측이 모두 참석하였으니 심리를 계속하도록 하지요. 먼저 원고 측 의견을 듣고 나서 피고 측의 반대 의견을 듣는 순서로 심리를 진행하겠습니다. 원고 측의 주장을 말씀해 주세요.

김딴지 변호사   이집트 피라미드에 관한 문헌 중 현존하는 가장 오래된 문헌은 로마의 정치가 키케로가 '역사의 아버지'라 불렀고 그를 불신한 사람들은 '거짓말의 아버지'라 불렀던 헤로도토스의 저술입니다. 현재 『역사』라는 이름으로 불리는 그의 저서는 '조사 보고서'에 가깝습니다. 이 책은 원래 그리스 지역에 국한된 유럽과 아시아, 아프리카를 비교할 목적으로 쓰였지요. 문제는, 피고 자신이 모든 자료를 확인한 양 상당히 객관적이고 차분한 어조로 서술했지만 실은 비공식적인 자료나 호언장담을 그대로 내용에 담았다는 겁니다. 그 결과 사실과 거짓의 구분이 모호해졌어요. 그는 쿠푸 왕이 노예의 노동력으로 피라미드를 건설했다고 비방했지요. 하지만 이 제 역사적인 발굴들을 통해 그것이 사실이 아니었음이 속속 드러나 고 있습니다. 헤로도토스는 자신이 들은 것의 진위를 확인하려 하지 않고 늙은 아낙네의 이야기에만 귀를 기울였지요. ▶이게 과연 역사 가로서 책임을 다한 것인가요? 헤로도토스의 역사가로서의 자질을 알아보고자 『역사』에 버금가는 위대한 저서를 남긴 플루타르코스를 증인으로 모시고자 합니다.

판사   오호, 플루타르코스라면 『영웅전』을 저술한 분이지요? 증인 은 증인석으로 나와 주시기 바랍니다.

플루타르코스가 증인석으로 향하자 그의 추종자로 보 이는 방청객들이 환호하며 반겼다.

판사   증인은 오로지 진실만을 말할 것을 맹세합니까?

플루타르코스   네, 맹세합니다.

판사   그럼 원고 측 변호인, 증인 신문을 진행하세요.

김딴지 변호사   이렇게 위대한 분을 증인으로 모신 것을 영광으로 생각합니다. 증인은 우선 간단히 자기소개를 해 주세요.

플루타르코스   나 역시 이렇게 뜻깊은 자리에 증인으로 참석하게 되어 영광입니다. 나는 고대 그리스 시대의 철학자, 정치가 겸 작가로 활동했던 플루타르코스입니다. 뭐, 다 아시다 시피 『영웅전』을 집필했어요. 그 외에도 『도덕론』과 같은 저서를 남겼지요.

김딴지 변호사 훌륭하십니다. 그 외에 증인은 「헤로도토스의 악덕」이라는 글도 남기셨다지요? 그 글에서 증인이 주장한 바는 무엇인지 설명해 주실 수 있나요?

플루타르코스 물론입니다. 헤로도토스의 악덕을 꼬집으려고 이 자리에 나왔으니까요. 저는 무척이나 헤로도토스를 경멸했어요.

김딴지 변호사 증인이 그렇게나 피고를 경멸한 이유는 뭔가요?

플루타르코스 헤로도토스는 역사가로서 기본적인 자질이 안 된 사람이에요. 역사가는 객관적인 사실을 근거로 역사서를 기록해야 합니다. 그런데 저 사람은 그 기본 중의 기본을 망각하고, 이집트에 대해 주위에서 하는 이야기만 듣고 사실인 양 기술했잖아요. 저런 사람은 역사가가 아니라 제멋대로 역사를 지어내는 허풍선이일 뿐입니다.

김딴지 변호사 이상입니다. 훌륭한 분의 훌륭한 증언이니 판사님과 배심원 여러분은 잘 기억해 주시기 바랍니다.

판사 피고 측 변호인, 원고 측 증인의 증언에 반론해 주세요.

이대로 변호사 저도 존경하던 분의 증언이라 귀 기울여 듣고 있었는데 참으로 듣기 거북하더군요. 저희 피고와 무슨 원한이 있는지 모르겠지만, 지극히 주관적인 말씀만 하시는 걸 보니 저기 있는 김딴지 변호사와 별반 다르지 않아 보입니다. 지금이나 그때나 역사가

들은 이집트 문명에 대해 깎아내리는 쪽과 찬양하는 쪽으로 나뉘는 군요. 그래서 저희도 플루타르코스와 동시대의 인물인 플리니우스를 증인으로 모시고자 합니다.

판사 오호, 그래요? 기대되는군요. 증인은 나와서 먼저 증인 선서를 해 주세요.

플리니우스 저는 본 법정에서 진실만을 말하며, 거짓이 있을 시 처벌받겠습니다.

판사 좋습니다. 피고 측 변호인은 진행해 주세요.

이대로 변호사 증인, 먼저 간단히 자기소개를 해 주세요.

플리니우스 나는 로마 제정기의 장군, 정치가, 학자로 활동한 플리니우스올시다. 나는 군사, 역사, 수사학을 연구했고 『박물지』라는 대백과 전서 37권을 저술했지요.

이대로 변호사 정말 훌륭한 업적을 많이 남기셨군요. 증인은 플루타르코스와 같은 시대를 살았지요?

플리니우스 네. 내가 플루타르코스보다 20년 정도 먼저 태어났지만 동시대 인물이라 할 수 있지요.

이대로 변호사 그 당시의 사람들은 플루타르코스처럼 피고를 평가했나요?

플리니우스 그럴 리가 있겠습니까? 내가 헤로도토스 선생님을 얼마나 존경하는데요. 오히려 나는 '역사의 아버지'라고 불리는 헤로도토스 선생님의 의견에 충분히 공감했습니다. 나도 이집트의 기자 피라미드의 토목 공사는 천박한 사업이었다고 자신 있게 주장했어요.

이대로 변호사　　그렇지요. 천박한 사업이 맞고말고요. 좀 자세히 말씀해 주시겠습니까?

플리니우스　　굳이 언급하자면 피라미드는 선제 군주의 새물로 가득 찬 멍청한 전시장이었어요. 이런 쓸데없는 일에 나라의 재산을 낭비하느라 강국과의 전쟁에 대비하지 못했고, 백성에게 일자리도 줄 수 없었다는 게 내 생각입니다.

이대로 변호사　　훌륭한 증언을 해 주셔서 감사합니다. 존경하는 판사님, 그리고 배심원 여러분, 플리니우스의 말처럼 쿠푸 왕의 피라미드 건설은 당시 백성들에게 전혀 도움이 안 됐습니다. 나라의 재산만 낭비한 사업이지요. 그런데 여기서 놀라운 건, 그 사실을 플리니우스보다 500년이나 앞서 세상에 알린 분이 있습니다. 바로 제 옆에 계시는 역사의 아버지 헤로도토스 선생입니다. 이상입니다.

판사　　증언을 잘 들었습니다. 그럼 이에 대한 원고 측의 반대 신문을 들어 보겠습니다.

김딴지 변호사　　그쪽은 무슨 사기꾼들의 집합소입니까? 피고 측에서 나오는 증인마다 한결같이 말도 안 되는 주장으로 사기나 치고 말입니다.

플리니우스　　이보시오, 새파랗게 젊은 사람이 말이 좀 심하지 않소?

김딴지 변호사　　아이고, 이거 빨리 늙는 약 어디 없나? 피고 측으로 나오는 사람마다 나이로 딴지를 거시니, 참……. 나이 많아서 좋겠소이다!

플리니우스　　됐어요. 대한민국은 동방예의지국이라더니 가끔 예의 없는 돌연변이도 태어나는가 보군요.

김딴지 변호사　제가 아무에게나 이렇게 대하는 줄 아십니까? 저는 역사를 왜곡하는 사람들에게만 이렇게 대해요. 증인을 역사 왜곡 죄로 고소할 수도 있으니까 그냥 잠자코 계세요.

이대로 변호사　이의 있습니다, 판사님, 원고 측 변호인은 본 재판과 상관없이 증인을 협박하고 음해하고 있습니다.

판사　인정합니다. 원고 측 변호인은 본 재판과 관련된 범위에서 신문하세요.

김딴지 변호사　판사님, 더 이상 없습니다. 어차피 억지만 늘어놓을 텐데 더 들어 볼 필요도 없는 것 같습니다.

판사　그렇다면 이쯤에서 증인 신문을 마치고, 본 재판을 정리한다는 생각으로 원고 측 변호인이 한 말씀 해 주시죠. 할 말이 많으실 것 같은데…….

김딴지 변호사　그렇다면 마지막으로 피고 헤로도토스를 신문해도 될까요?

판사　허락하지요.

김딴지 변호사　피고가 이집트를 방문했을 때 이집트는 어떤 모습이었나요?

헤로도토스　시간이 너무 흘러 자세히 기억나질 않네요. 하지만 기억나는 범위 내에서 말씀드리죠. 내가 방문했을 때 이집트는 페르시아의 지배를 받고 있었어요. 그렇지만 이집트 고유의 문화나 종교는 간섭받지 않고 있었고 고유의 것을 유지했습니다. 물론 쇠퇴하던 시기라 과거의 화려함은 상당 부분 잃었지만요.

김딴지 변호사　그럼 이건 좀 주관적인 질문입니다만 본 재판에 필요할 것 같으니 한번 여쭤 볼게요. 피고는 이집트 어를 알고 계셨나요?

헤로도토스　아뇨, 나는 이집트 어를 몰랐어요.

김딴지 변호사　그렇다면 피고가 쓴 이집트의 역사는 어떻게 듣고 기록하셨는지요?

헤로도토스　이집트 어는 몰랐지만 이집트에는 그리스 인이 많이 살고 있었어요. 실제로 그 당시 많은 그리스 인이 상인이나 용병으로 이집트에 와서 살고 있었으니까요. 다시 말해 그들의 증언으로 이집트의 역사를 알 수 있었고 기록할 수 있었습니다.

김딴지 변호사　그러니까 당시 이집트에 살았던 그리스 인들의 말을 근거로 『역사』를 기록하신 거네요. 알겠습니다. 이상입니다.

김딴지 변호사는 뭔가 알아차렸다는 듯 묘한 미소를 지으며 말을 이었다.

김딴지 변호사　존경하는 판사님, 그리고 배심원 여러분, 혹시 이집트를 여행해 보신 적이 있나요? 이집트의 여행 가이드들은 손님의 즐거움을 위해 이야기를 각색하거나 과장하는 것을 좋아합니다. 그것은 고대에도 마찬가지였을 겁니다. 질문이 많은 손님인 헤로도토스 앞에서 그들은 더욱 신이 나서 사실을 뻥튀기했겠지요.

피고는 자신의 책 『역사』에서 이집트의 역사와 문화를 소개하면서 늘 '난 이런 이야기는 절대로 있을 수 없다고 생각하지만……'이라거나 '어디까지나 들은 이야기이지만……' 등의 표현을 사용했습니다. 항상 빠져나갈 구멍을 만들어 둔 것이지요. 즉, 처음부터 책임을 지지 않으려 했던 것입니다. 그런 이야기라면 아예 기록을 하지 말든지…… 과연 이것이 역사가로서 올바른 행동일까요? 이상입니다.

판사 잘 들었습니다. 김딴지 변호사가 전과 달리 의젓한 모습을 보여 주니 선배 법조인으로서 흐뭇하군요. 그럼 본 재판의 마지막 심리는 여기서 마치도록 하고, 잠시 후 양측의 최후 진술을 듣겠습니다.

다알지 기자

저는 지금 마지막 심리를 끝낸 세계사법정
에 나와 있습니다. 오늘 있었던 마지막 재판에서
도 피고 헤로도토스가 무책임하게 역사를 기록해 고
대 이집트의 역사와 쿠푸 왕의 업적이 심각하게 훼손되었다고 주장하
는 원고 측과, 헤로도토스가 직접 보고 들은 내용을 기술하였으니 문
제될 것이 없다고 주장하는 피고 측이 치열한 공방을 펼쳤습니다. 20
세기 고고학자인 아르햐이오스 선생은 현재 고고학계의 유력한 견해
를 설명하였습니다. 그에 따르면 피라미드 건설 작업은 농사일을 할
수 없는 나일 강의 범람기에, 남는 인력에 일자리를 주고 의류와 식량
을 배급한 일종의 실업 대책이었다고 증언했습니다. 그럼 지금부터 마
지막 심리까지 수고하신 이번 재판의 주인공인 쿠푸 왕과 헤로도토스
씨를 모시고 소감을 들어 보겠습니다.

쿠푸

　오늘 재판은 정말 통쾌했소. 다시 한 번 말
하지만 내가 피라미드를 건설한 이유는 우리
이집트와 백성을 위해서였지 순전히 내 명예만을
위한 것은 아니었소이다. 채석장의 낙서를 보시오. 우리 이집트 인들
은 피라미드를 건설하게 한 나를 원망하기는커녕 오히려 고맙다고 써
놓았잖소. 이것만 보더라도 헤로도토스의 기록은 잘못됐소. 비로소 내
가 극악무도한 왕이었다는 오명을 벗을 수 있겠구려. 그동안 훌륭한
변론을 해 준 김딴지 변호사에게 고맙다는 말을 전하고 싶소이다.

헤로도토스

　나는 이번 재판을 통해 그동안 역사의 아버지라 알려진 내 명성에 흠이 날까 봐 걱정됩니다. 내가 쓴 위대한 저서인 『역사』는 어디까지나 사실과 고증을 바탕으로 기록되었습니다. 물론 내가 보지 못한 부분은 전해 내려오는 이야기나 사제들에게 들은 이야기로 기록했지요. 그 당시에는 그것이 사실이라고 판단했기 때문입니다. 교과서에 나온 피라미드의 규모를 보세요. 얼마나 많은 인원이 그 공사에 동원되어 자신을 희생해야만 했을까요? 후대 사람들 역시 내가 기록한 내용이 사실이라고 판단했으니 교과서에서도 다룬 게 아닐까요?

나는 사명감을 갖고
『역사』를 완성했습니다
vs
헤로도토스는 진실을 확인하는 데
좀 더 공을 들여야 했어요

판사 본 재판을 마치기 전에 원고와 피고의 마지막 진술을 듣고 자 합니다. 피고부터 말씀하시지요.

헤로도토스 먼저 오랜 시간 동안 재판 과정을 지켜보신 방청객과 배심원 여러분 감사합니다. 아울러 이 세계사법정에서 나의 입이 되 어 열변을 토하신 이대로 변호사께도 고마움을 전합니다. 나는 내가 이 하늘나라까지 와서 재판을 받으리라고는 정말 꿈에도 생각하지 못했습니다. 살아서 이집트뿐만 아니라 에게 해의 섬들을 발이 부르 트도록 걷고 또 걸어 기록으로 남겼건만 쿠푸 왕에게 이런 수모를 받을 줄은 몰랐단 말이죠. 억울한 건 그렇다 치고, 존경하는 판사님, 그리고 배심원 여러분! 여러분은 이집트에서 미라를 만드는 방법을 어떻게 알게 되셨나요? 또 아무리 큰 죄를 지었다 한들 한 번의 죄로

는 죄인을 죽이지 않던 페르시아의 풍습은 어떻게 알게 되셨나요?
뭐, 자랑 같지만, 다 내가 그런 이야기를 발로 뛰어 남긴 덕분이 아
니겠습니까? 그리고 나는 특별히 책 앞에 "내 의무는 전해지는 것을
그대로 전하는 것이다. 그것을 전적으로 믿게 할 의무가 내게 있는
것은 아니다. 이것을 믿는 사람들은 그대로 받아들이면 될 것이다"
라고 분명히 밝혔습니다. 이 말은 내가 답사한 지역도 있긴 하지만
책의 상당 부분에서 지나가는 그리스 인 할머니나 이집트의 노예에
게서 전해 들은 전설이나 풍문, 신화를 적었다는 것 아니겠습니까?

왜 이집트 인들은 피라미드를 지었을까?

그래서 책의 곳곳에서 '~라고 말했다', '~라고 들었다' 하는 식으로 표현했던 것이고요. 생각해 보세요. 소아시아 지역뿐 아니라 북으로 흑해의 스키타이 지역, 남으로 나일 강의 상류, 동으로 바빌로니아의 수사에 이르기까지, 당시에 차가 있었던 것도 아닌데 내가 어떻게 다 방문할 수 있었겠습니까? 그리고 당시 이집트 인들이 피라미드를 만들면서 힘들었던 점을 말하기에 내가 그것을 적고 의견을 달았을 뿐인데 그게 이다지도 큰 문제가 된단 말이오?

역사란 사실을 단순히 나열하는 것보다 시대 속에서 새롭게 태어날 때 의미 있는 게 아닌가요? 바로 이러한 점 때문에 키케로도 나를 '역사의 아버지'라 불렀다고 생각합니다. 게다가 18세기 이후 몇몇 역사가들은 문헌을 직접 해독하고 나서『역사』가 생각했던 것 이상으로 정확한 사실을 담고 있다고 말했습니다. 당시 나는 사명감을 안고 내 삶을 바쳐『역사』라는 책을 완성했습니다. 그런데 이번 사건으로 나의 노력이 잊히지나 않을까 염려스럽군요. 이상입니다.

쿠푸　'세상에 둘도 없는 극악무도한 왕', '노예들을 죽음으로 내몬 폭군' 등이 수천 년 동안이나 내 이름 앞에 붙어 다녔던 수식어예요. 헤로도토스가 '역사의 아버지'로 찬양받는 동안 나는 차가운 피라미드 안에서 내 명예를 되찾을 날만 손꼽아 기다렸소. 그래요. 헤로도토스 당신이 밤잠을 설치며 세상 곳곳을 누벼『역사』를 쓴 것은 나도 잘 압니다. 그리고 그 글이 역사의 발전에 크게 이바지했다는 것 또한 인정하오. 하지만 당신은 정확하지 않은 글을 기록으로 남겼고, 결국 나는 그 글로 인해 역사 속의 죄인으로 지내야 했소.

나와 이집트 왕조에 대해 생각해 본 적은 있으시오? 내가 노예들의 등을 채찍으로 휘갈기며 그들을 착취하는 것을 당신이 직접 본 적이 있소? 그런데 왜 우리 자손들은 이집트 영화나 책에서 핍박받는 노예들의 모습을 봐야 한단 말이오? 피라미드를 건설할 때 동원된 인력은 국가에서 정당한 대가를 주고 징집한 일종의 부역자들이었소. 우리는 그들이 일하는 대가로 세금이나 군역을 면제해 주고, 숙련공에게는 그 업적을 기려 동상을 만들고 파라오의 무덤에 함께 묻어 주었소. 몰랐겠지만 그들은 피라미드를 만드는 데 긍지와 자부심을 느꼈다오.

헤로도토스는 아낙네의 이야기에 귀 기울이기보다는 그가 들은 것이 사실인지를 확인하는 데 좀 더 공을 들여야 했어요. 후에 키케로가 헤로도토스를 '역사의 아버지'라고 부르기도 했지만, "그의 글에는 편견과 잘못 전해진 이야기가 수없이 많다"라고 빈정거렸던 것을 잊어서는 안 될 것이오. 또, 역사가 투키디데스가 "헤로도토스는 진실을 말하기보다 사람들을 즐겁게 하려고 허황한 이야기를 썼다"라고 말한 것도 돌이켜 봐야 할 것이오. 지혜로운 판사님, 그리고 방청객을 비롯한 배심원 여러분, 현명한 판단으로 이집트의 영광을 정당하게 평가해 주기를 부탁합니다. 이상이오.

판사 두 분의 말씀 잘 들었습니다. 지금까지 3차에 걸친 법정 공방과 최후 진술까지 마치느라 원고 측과 피고 측, 그리고 배심원 여러분 모두 수고가 많으셨습니다. 배심원의 판결서는 한 달 후에 저에게 전달될 예정입니다. 배심원의 판결 결과는 비공개이며, 법관의 판결은 배심원의 의견에 구속되지 않습니다. 저는 배심원의 판결서를 참고하여 최종 판결을 내리겠습니다. 그때까지 여러분도 본 사건에 대해서 판결을 내려 보시기 바랍니다.

땅, 땅, 땅!

역사공화국 세계사법정 재판 번호 01 쿠푸 VS 헤로도토스

주문

역사공화국 세계사법정은 쿠푸가 헤로도토스를 상대로 제기한 '역사적 사실 확인의 소'에 관한 청구에서 원고 일부 승소 판결을 내린다.

판결 이유

헤로도토스는 그의 책『역사』의 「이집트 여행기」에서 쿠푸 왕을 피라미드를 건설하면서 노예들을 죽음으로 내몬 폭군으로 묘사함으로써 후세에 극악무도한 왕으로 알려지게 했다. 그러나 쿠푸 왕이 강제 노역을 통해 노동력을 착취하고 극악무도한 행동을 했다고 단언하기에는 무리가 있다. 피라미드 건설은 나일 강의 범람기에 농민들에게 일자리를 제공하는 순기능도 있었다. 이 사실이 재판 과정의 증거와 증언을 통해 확인되었다. 하지만 피라미드가 강제 노역을 통해 만들어진 게 아니라는 점과 쿠푸의 치세를 잘못 표현했다는 점만으로 헤로도토스가 이집트의 역사 전체를 왜곡했다고 보기는 어렵다.

'역사의 아버지'라고 칭송받는 헤로도토스를 피고로서 본 법정에 세우고 판결을 내리게 되어 상당한 부담감을 느꼈음을 고백하지 않을 수 없다. 비록 본 법정에서 원고 쿠푸의 고소를 받아들여 원고 일부 승소 판결을 내렸으나, 헤로도토스와 그의 저서인『역사』가 후대의 역사학의 발전에 크게 이바지하였음을 부정할 수는 없다.

이 사건을 계기로 비판적으로 사고하는 능력을 키우고, 현재까지 정설로 전해지던 역사도 다시 돌아봐야 할 부분이 있음을 유념해야 할 것이다.

역사공화국 세계사법정 담당 판사 정역사

"함부로 진실을 왜곡하는 것은
역사에 걸림돌이 된다는 점을 명심하시게!"

"바쁘다, 바빠! 근데 내가 이 영혼 세계에서 꽤 유명해졌나? 4500년 전에 죽은 쿠푸 왕도 찾아오고 말이야."

김딴지 변호사는 이틀 전 이집트 고왕국 시대의 쿠푸 왕의 변호를 맡아 일부 승소하고 마냥 흐뭇해 콧노래를 불렀다.

"이제야 밝히는 거지만 쿠푸 왕이 붕대를 감고 찾아왔을 때를 생각하면 아직도 등골이 오싹해. 음, 근데 이건 또 무슨 냄새지? 어디서 맡아 본 냄새인데……."

그 순간 쿠푸 왕이 사무실을 찾아오던 날 밤에 코끝을 스치던 알싸한 냄새가 사무실을 채웠다.

"앗, 눈부셔! 당신은 누구요? 눈이 부셔서 볼 수가……."

"나는 3300년 전에 왕들의 계곡에 묻힌 황금 마스크, 투탕카멘이라고 하오. 나를 기억하시오?"

"투탕카멘이라면 영국의 카나본 경에게 저주를 내려 그를 죽음으로 몰고 간 왕이 아니오? 그나저나 왜 이집트 왕들은 다들 문은 놔두고 딴 데로 들어오는 겁니까? 간 떨어질 뻔했잖소!"

"휴. 당신도 역시 내가 카나본 경을 죽였다고 생각하는군요. 그러나 쿠푸 왕이 증거도 없이 노예를 착취했다고 비난받았듯이, 내가 그들에게 저주를 내렸다는 소문에도 근거가 없잖소?"

"물론 확실한 증거는 없지만, 무덤을 파헤친 대가로 보복한 것 아니었나요?"

투탕카멘의 관 앞에는 "왕의 영원한 안식을 방해하는 자에게 벌이 내릴 것이다"라고 저주가 쓰여 있다고 한다. 그런데 이런 저주를 입증이라도 하듯 유물과 관련된 사람들이 계속 죽어 나갔다. 카나본 경은 먼저 투탕카멘 왕의 무덤을 개봉한 지 5개월 후인 1923년 4월 5일에 면도를 하다가 투탕카멘 얼굴의 상처와 같은 부위를 모기에 물려 세상을 떠났다. 또, 영국계 고고학자인 화이트는 신경 쇠약 증세를 보이더니 별안간 목을 매달아 자살했다. 카나본 경을 돌봐 주던 간호사와 그의 조카인 오베리 허버트도 별안간 죽었다. 게다가 미라를 조사하기 위해 왔던 방사선 사진 기사 더글라스 라이드도 의문의 죽음을 당했다. 이런 비극이 일어나면서 '파라오의 저주가 내렸다'는 소문이 퍼져 나간 것이다.

"내 말을 들어 보시오. 당신들은 내가 묻힐 때 가구며 장식품, 심지어 과일과 채소도 함께 묻힌 것을 알 것이오. 그것들이 수십 세기가 지나는 동안 썩으면서 치명적인 곰팡이가 생겼고, 건강이 좋지 않던 사람들이 이에 감염되었을 거라는 생각은 안 해 보았소?"

실제로 캐롤린 스탱거 필립 박사는 그런 유독성 곰팡이가 3300년 동안 무덤 안에 있다가 무덤이 열리자 재빨리 발아해 질병을 가져왔다고 말했다.

왜 이집트 인들은 피라미드를 지었을까?

"아니, 그렇다면 당신의 저주가 아니었단 말인가요? 그러면 무덤에 들어가지 않은 사람이 죽은 일은 어찌 된 건가요?"

"우리 이집트 인들은 독약에 아주 전문가였소. 어떤 독은 먹지 않고 피부에 스미기만 해도 죽음에 이르게 할 만큼 치명적이었지요."

이런 종류의 독은 묘지 안의 벽을 칠할 때 사용했는데 피라미드가 열리자 발굴자들이 독성 물질에 노출되었고 무덤에 들어가지 않은 사람까지 오염시켰다는 얘기였다.

"아, 그렇군요. 그렇다면 당신을 둘러싼 이야기 또한 근거 없는 소문이군요. 쿠푸 왕에 관한 잘못된 기록과 당신을 둘러싼 소문이 우리의 눈을 가리고 있었네요."

"이미 수천 년도 더 지난 이집트 피라미드에 이렇게 관심을 가져 주는 점은 기쁘게 생각해요. 하지만 함부로 진실을 왜곡하고 훼손하는 것은 역사에 걸림돌이 된다는 점을 명심하시오."

"저도 이번 쿠푸 왕의 변호를 맡으면서 그 사실을 뼈저리게 통감했습니다. 그리고 그게 바로 이 김딴지가 존재하는 이유 아니겠습니까! 하하하."

피라미드와 스핑크스를 만날 수 있는,
이집트 기자

이집트 기자 거리

기자는 이집트 나일 강 중류에 있는 도시입니다. 이집트의 수도인 카이로에서 나일 강을 사이에 두고 서남쪽에 위치하고 있지요. 현재는 현대식 건물과 도로가 세워진 도시이지만, 고대 이집트 때는 피라미드와 스핑크스가 세워진 도시였답니다. 물론 이때 만들어진 피라미드와 스핑크스도 볼 수 있는 유적지로 세계적으로 유명한 곳이지요.

이곳에는 '기자의 3대 피라미드'라 불리는 거대한 건축물이 있습니다. 바로 쿠푸 왕, 카프레 왕, 멘카우레 왕의 피라미드이지요. 가장 큰 쿠푸 왕의 것을 비롯한 기자의 3대 피라미드는 약 4500년 전인 기원전 26세기경에 만들어진 것입니다.

쿠푸 왕의 피라미드는 20년에 걸쳐 완공된 것으로 현존하는 피라미드 중 가장 크지요. 원래는 꼭대기에 금으로 만든 피라미드석이 있었다고 전해지는데, 현재는 도난을 당해 그 모습은 찾아볼 수가 없습니다. 쿠푸 왕의 피라미드에 이어 '제2피라미드'라 불리는 것이 카프레 왕의 피라미드입니다. 이 피라미드 앞에는 이집트의 상징으로 널리 알려진 스핑크스가 위치하고 있기도 하지요. 마지막으로 3대 피라미드 중에서 가장 작은 멘카우레 왕의 피라미드는 카프레 왕의 것과 같은 배열의 신전을 가지고 있었으나 지금은 폐허로 변하였습니다.

기자 지역에는 세계 최대 건축물인 피라미드가 다양하게 있어 고대 이집트의 건축물을 넉넉하게 살펴볼 수 있답니다.

기자 지역의 피라미드

카프레 왕의 피라미드

『역사공화국 세계사법정 01 왜 이집트 인들은 피라미드를 지었을
까?』와 관련한 논술 문제를 풀어 봅시다.

※ 다음 제시문을 읽고 물음에 답하시오.

(가) 중국 산시 성에 있는 진시황릉은 중국을 최초로 통일한 진시황
　　의 무덤입니다. 당시 수도의 건설 계획을 그대로 반영하여 설
　　계한 것으로 무덤 안에는 수많은 병마용들이 있습니다. 병마용
　　은 말이나 마차를 타거나 무기를 지닌 병사와 군마의 모습을
　　본뜬 조각이지요. 진시황릉은 그 규모가 엄청나서 동서 485미
　　터, 남북 515미터, 높이 76미터에 이른다고 합니다. 70여만 명
　　이 동원되어 완성되었다고 전해지지요.

진시황릉의 병마용

(나) 고대 이집트 묘의 한 형식으로 사각뿔 형태를 띤 피라미드는 주로 왕의 무덤이었습니다. 나일 강 하류의 멤피스 부근에 많이 있는데, 가장 큰 피라미드인 쿠푸 왕의 대피라미드의 경우 밑변 230미터, 높이 146.5미터에 달한다고 하지요. 대피라미드는 이집트 카이로에서 남서쪽으로 떨어진 기자에 위치하고 있습니다.

1. (가)는 중국의 진시황릉에 대한 내용이고, (나)는 이집트의 피라미드에 관한 내용입니다. (가)와 (나)를 읽고 고대 중국과 고대 이집트 사이의 공통점에 대하여 쓰세요.

※ 다음 제시문을 읽고 물음에 답하시오.

(가) 고대 이집드 사람들은 지승의 욍인 오시리스가 다시 살아나 저
승에서 저울에 심장의 무게를 달아 죽은 사람들의 죄를 심판한
다는 내세관을 가지고 있었습니다.

'사자의 서'에 그려진 오시리스의 심판하는 장면

(나) 고려 시대에는 불교를 나라의 국교로 삼았습니다. 불교의 내세
관은 업(業) 사상과 윤회설에 기초하여 성립되지요. 현세의 삶
은 전생에서 지은 업 때문에 생긴 것이고, 이것이 다시 태어날
모습을 결정한다고 믿었습니다.

(다) 조선 시대에는 유교를 믿어 조상 숭배에 기초한 내세관을 가졌
습니다. 인간은 이(理)와 기(氣)로 구성되어 있는데, 사람이 죽으
면 이(理)는 하늘로 올라간다고 여겼지요. 참고로 기(氣)를 이루
는 것 중 육체적인 부분은 땅으로 가며, 정신적인 부분은 하늘

과 땅 사이에서 일정 기간 동안 머물다 사라진다고 믿었습니다.

2. (가)는 고대 이집트의 내세관이고, (나)는 고려 시대의 내세관, (다)는
   조선 시대의 내세관입니다. (가)~(다)와 같이 내세관이 달라진 이유는
   무엇이었을지 짐작하여 쓰세요.

해답 1 중국에서 기원전 259년~기원전 210년에 살았던 진시황은 최초로 중국을 통일한 강력한 왕이기도 했습니다. 강력한 왕권을 휘두르며 불로장생의 꿈을 꾸기도 했고, 죽음에 대비해 거대한 부덤을 만들기도 했지요. 강한 왕권을 가진 것은 고대 이집트의 왕들도 마찬가지였습니다. '파라오'라 불리며 태양신의 대리인이라 여겨졌던 고대 이집트의 왕들은 강한 권력을 가지고 있었지요. 그래서 자신들이 죽은 뒤에 묻히게 될 무덤 역시 크고 웅장하게 지을 수 있었던 것입니다.

해답 2 내세관이란 죽은 뒤의 세계에 대한 생각을 가리키는 말로 사람들에게 많은 영향을 미쳐 왔습니다. 사후에 삶이 있다고 믿을 경우 현재 더 착하게 살기 위해 노력해야 했고, 죽은 조상들이 우리 곁에 머문다고 믿을 경우 조상을 위한 제사를 더 열심히 드려야 했기 때문이지요. 그런데 이 내세관은 달라져 왔습니다. 그 이유는 종교, 나라, 시대가 달랐기 때문이지요. 여러 신을 믿는 종교의 경우 죽은 뒤에도 신이 있을 것이라고 생각하는 것처럼 말입니다.

* 해답은 예시로 제시된 내용입니다.

ㄱ
기각 31
기하학 40

ㄴ
나일 강 35

ㄹ
라 59

ㅁ
만리장성 82
메네스 69
멤피스 33

ㅅ
사자의 서 156
세트 59

셰무 38
스핑크스 31
심리 31

ㅇ
아누비스 59
아마 47
아케트 38
알렉산드리아 70
오시리스 59
왕가의 계곡 98
이시스 59

ㅈ
제우스 신전 37

ㅋ
케옵스 32

클레오파트라 51

ㅌ
토트 59
투탕카멘 67

ㅍ
파라오 56
페레트 38
포도주 45
피라미드 29
피타고라스 41

ㅎ
하트셉수트 51
호루스 59
황금 비율 86

역사공화국 세계사법정 01

왜 이집트 인들은 피라미드를 지었을까?

© 차영길, 2010

초   판 1쇄 발행일 2010년 8월 12일
개정판 1쇄 발행일 2013년 10월 30일
      7쇄 발행일 2024년 2월 1일

지은이   차영길
그린이   진미선
펴낸이   정은영

펴낸곳   (주)자음과모음
출판등록   2001년 11월 28일 제2001-000259호
주소   10881 경기도 파주시 회동길 325-20
전화   편집부 (02) 324-2347 경영지원부 (02) 325-6047
팩스   편집부 (02) 324-2348 경영지원부 (02) 2648-1311
이메일   jamoteen@jamobook.com

ISBN 978-89-544-2401-1 (44900)